英文版译者序

"这是一部史诗，"作者在序言中如是说，"这部传记中没有虚构。为了描述历史的准确情景，传奇部分是必不可少的，但只占了极小的篇幅。虽然如此，无论是读者的好奇心，或是其对于离奇情节的爱好，都一定会得到满足。"有关叶卡捷琳娜女皇的相关材料近几年才得以窥见天日，人们由此开展了细致的研究。俄国皇家历史协会[1] 出版了七十二卷文集，其中只有不到二十卷和她统治的时代没有直接联系。其他资料则分散刊登在俄国一些期刊上，但是这些期刊名称鲜有人知，还有一部分文件一直深藏于俄国和法国的国家档案馆中，无人过问，一般人更是难以触及。瓦力舍夫斯基先生正是基于这些材料著就了这本传记，他坚决摒弃个人喜恶，将这份全面公正的调查结果展现给世人。然而奇怪的是，该

1　十月革命以前的俄国，曾经存在过"俄国皇家历史协会"。该协会存在了几十年，出版了几十部有关俄国历史的文件资料，到了苏联时期该协会被撤销，取而代之的是其他形式的历史学家协会组织。

书却在俄国遭禁，这一结果令人颇为关注。

　　还有一点需要说明的是，作者努力尝试着使自己的表达和法语母语者一样地道，文中出现了诸多俗语。译文中一些方言并未被消除，译者甚至没有打算弱化这些方言，所做皆为使译文与原文尽量接近。

目 录 *contents*

第二部 一国之君

I

第一卷

大公夫人

Charpter I

第一部　从斯特丁到莫斯科

第一章 童年

1

五十年前，德意志的一个小镇上群情激愤，因为这里要建造一条贯穿小镇的铁路。一旦铁路开始修建，古老的建筑势必会遭到破坏，老居民区将要被割裂，就连代代人漫步的街道也会被夷为平地。街坊四邻对这些没良知的工程师们感到绝望，最令人痛惜的是一棵古老的菩提树，它是居民们虔诚敬仰的偶像。尽管如此，铁路还是修了起来。然而，菩提树并没有被砍掉，它被连根拔起，移栽到别处去了。为表尊敬，人们将菩提树种在了新火车站对面，它对这份荣誉却表现得很麻木，不久便枯萎而死。人们用它做了两张桌子，一张献给了普鲁士皇后伊丽莎白，另一张献给了俄国皇后亚历山德拉·费奥多洛夫娜[1]。斯特丁的人们叫这棵树为"凯瑟琳"。据他们所说，这棵树是由一位德意志公主所栽，这位公主当

---

1 沙皇尼古拉一世之妻，婚前为普鲁士的夏洛特公主。

时的名字叫索菲亚·安哈尔特采尔布斯特，昵称菲辛，她很喜欢与当地的孩子在市集玩耍，这些孩子却并不知道她后来如何成为人称"叶卡捷琳娜大帝"的俄国女皇。

凯瑟琳童年时曾在古老的波美拉尼亚[1]小城待过一段时间。她是在这儿出生的吗？有关诗人荷马的出生地一直以来有着诸多争论，但是在近代史中有关伟大人物出生地的争论却不常见。因此，凯瑟琳谜一般的出生地也让她的身世充满了神秘色彩，斯特丁任何教区的登记簿上都没有记载她的名字，同样的情况后来还发生在符腾堡公国的一位公主身上，她是沙皇保罗一世的妻子。原因很简单：给她洗礼的是某位路德教堂的牧师，但这个教堂没有归属的教区。不过，人们发现了一项真实记载，上面提到凯瑟琳的出生和受洗都是在多恩堡，历史学家们便基于这份资料作了大胆的假设。多恩堡是安哈尔特采尔布斯特家族（即凯瑟琳的母家）的宅邸所在。1729 年前后，凯瑟琳的母亲在多恩堡待过一段日子，期间她时常和一位年轻的公爵见面，他当时正处于父亲的阴云之下而闷闷不乐。这位年轻公爵就是后来的腓特烈大帝。德意志历史学家苏根海姆认为，腓特烈大帝就是凯瑟琳那"不为人知的父亲"。

凯瑟琳正式的父亲是克里斯蒂安·奥古斯特·安哈尔特采尔布斯特公爵，他的一封书信恰好能推翻上述假设。这封

1　中欧一个历史地域名称，现在位于德意志和波兰北部，处于波罗的海南岸，曾被波兰、丹麦、萨克森、普鲁士等不同国家统治过。

信的日期是 1729 年 5 月 2 日，地点在斯特丁，信上说那日凌晨两点半，他的女儿在这个小镇降生了。这个女孩儿正是凯瑟琳。克里斯蒂安·奥古斯特公爵就算不太清楚孩子是如何来到这世界的，但他不会不知道自己孩子的出生地。况且，并没有证据证明在凯瑟琳出生之前，其母约翰娜·采尔布斯特公爵夫人受到过多恩堡这家的接待，而且事实完全与之相反。1728 年，公爵夫人是在与多恩堡和斯特丁相去甚远的巴黎度过的。腓特烈从未去过巴黎，众所周知，他后来只是动了去巴黎的念头就险些为此丧命。然而，德意志历史学家们的想象并未因此停歇。虽然腓特烈没到过巴黎，但是 1728 年俄国驻巴黎大使馆里却有一位出身名门望族的年轻人，曾与公爵夫人有过联系。于是我们似乎又发现了一段恋情以及凯瑟琳另外一位隐姓埋名的父亲。这个年轻人名叫贝茨基，后来成为俄国一名重要人物。他以高龄在圣彼得堡去世，据说凯瑟琳对他关照有加，拜访他时还常在他的安乐椅前俯下身子来亲吻他的手。《马松回忆录》的德国译者对此深信不疑，但我们不敢苟同。照这样看，大约在 18 世纪，每一位名人的出生都很容易让人们产生类似的猜想。

于是，根据上述所有迹象，凯瑟琳（即后来的叶卡捷琳娜大帝）的出生地是在普鲁士的斯特丁，她的血亲及法定父母就是克里斯蒂安·奥古斯特公爵和他的合法妻子约翰娜公爵夫人。我们将会看到，这名悄无声息来到世间的婴儿，有朝一日会让人们对她每时每刻的举动都报以极大的关注。她对命运笑到了最后。

采尔布斯特的小公主在 1729 年出生意味着什么呢？在当时的德意志，像他们这样的家庭数不胜数。他们家是安哈尔特家族的八大支系之一。在意外机遇使得这个安哈尔特家族名声大震之前，没有一个家庭获得过任何荣誉。很快，整个家族还没来得及看到荣耀的曙光就覆灭了。1729 年之前，安哈尔特采尔布斯特家族没有留下什么历史，到 1793 年的时候就不复存在了。

2

凯瑟琳的父母不住在多恩堡。她的父亲克里斯蒂安·奥古斯特公爵出生于 1690 年，之后参加了普鲁士军队，活跃在荷兰、意大利和波美拉尼亚的战场上，和法国军队打过仗，也和瑞士军队打过仗。三十一岁的时候取得了少将军衔。三十七岁的时候，娶了卡尔·奥古斯特公爵的妹妹约翰娜·伊丽莎白公主。这位卡尔·奥古斯特公爵就是俄国伊丽莎白女王的未婚夫，差点一起登上俄国皇位。克里斯蒂安·奥古斯特后来又被任命为步兵团团长，必须回到部队，驻守斯特丁。

克里斯蒂安·奥古斯特公爵是一名称职的丈夫和父亲。他很疼孩子，但是在孩子刚出生的一段时间，他深感失望，因为他很想要个儿子，凯瑟琳早期的童年生活因此蒙上了一层阴影。后人对她这一时期的生活很感兴趣，但人们在研究其见证者的时候，他们关于这部分的记忆已经淡去，凯瑟琳自己也根本不愿提及这段回忆。回答这类问题的时候，她表现出了不同寻常的缄默。她给最敢于向她提问的格里姆写信道："我认为这没什么好说的。"也有可能她自己都不大记得清了，她说她出生在马里恩基辛霍夫的格列芬海姆宅邸，但是斯特丁从来没有一个叫这个名字的地方。当时第八步兵团的团长住在唐姆街 791 号，是斯特丁商会主席冯·阿谢列彭的房子，这条街所在区域的叫"格列芬哈根"。今天房子的主人和门牌都换了，归属德维茨议员，门牌是 1 号。这里一面刷白的墙上仍留有一块黑色的污迹，1729 年 5 月 2 日，摇篮边上燃着火炉，这块烟熏正是叶卡捷琳娜大帝当年在此居住时留下的。但摇篮已经不在这里了，它存放于魏玛。

凯瑟琳受洗时，家人为了纪念她的三位姑姑，给她取名为索菲亚·弗雷德里卡·奥古斯塔。但是大家都叫她菲辛或者菲格辛（正字法），是对索菲亚的爱称。出生不久后，她的父母就带她迁入了斯特丁城堡，住在城堡靠近教堂的左半边。菲辛有三间属于自己的房间，而她的卧室就在钟楼边上。或许从这时候起，她就在为将来聆听东正教堂震耳欲聋的钟声做准备了，这也许是天意使然吧。她就在这儿成长，一切都很平凡。她成天同附近的孩子们在斯特丁的街道上玩耍，这些孩子从不尊称她为殿下。这些孩子的母亲们来城堡拜访的时候，菲辛都会来到她们跟前，恭敬地亲吻她们的衣角。是约翰娜公爵夫人教她这么做的，她母亲在某些方面还是明智的，可惜并非常常如此。

菲辛的学习由一名法国女家庭教师负责，当时每个稍微显要一点的德意志家庭都会聘请法国家庭教师，这也是《南特赦令》[1] 颁布的间接后果之一。除此之外，她还有许多家庭教师，分别教授法语语法、法国礼仪和风度，他们会什么就教什么，然而大多数教师也就只会这些。总之，菲辛有一位家庭教师卡戴尔小姐，一位法国牧师彼洛，一位写作老师罗兰，也是法国人。这支门类齐全的家教队伍里还有几名德意志当地的教师——瓦格纳，负责教德意志语文，另一位是勒利希，教音乐。后来当凯瑟琳回忆起童年第一批启蒙老师们的时候，心里掺杂着一半的温情，一半孩子气的调侃。不过她待卡戴尔小姐有别于常人，她说"卡戴尔小姐就和她这位学生一样从来不学习，但她却好像什么都懂"；卡戴尔小姐说菲辛"头脑愚钝"，还总是让她把自己的下巴收回去。菲辛说："她觉得我的下巴实在太尖了，这样伸出头的时候就会撞上我遇见的人。"这位称职的老师根本想不到她的学生命里都将遇见什么样的人，但是她所教的一切不仅仅只是塑造了菲辛的心智和让她学会收回下巴这么简单。卡戴尔小姐让她读拉辛，读高乃依，读莫里哀[2]，使她不受瓦格纳老师迂腐的德意志学究气息和沉闷性子影响，菲辛最讨厌的就是他那些枯燥的测验。毫无疑问，卡戴尔小姐将自己的性情传授给了菲辛，可以说这位法国女人在今天来说都能算得灵活机敏、有洞察力。我们还不得不承认，她更大的功劳是将凯瑟

1　法国国王亨利四世在 1598 年 4 月 13 日签署颁布的一条敕令，是世界上第一份宗教宽容的敕令。
2　拉辛、高乃依、莫里哀合称 17 世纪最伟大的三位法国剧作家。

琳从她母亲手里拯救过来。约翰娜公爵夫人喜怒无常，所以菲辛常因为一些鸡毛蒜皮的小事就在母亲那里吃耳光。不仅如此，我们后面将会看到公爵夫人更为荒诞的一面，她的心里充满了阴谋诡计、庸俗思想和勃勃野心，完全就是数代德意志贵族的真实写照。卡戴尔小姐尽最大努力使菲辛免于受到母亲这些习性的感染，难怪她的学生一到达圣彼得堡就赶紧给她寄去一件毛皮大衣。

菲辛常与父母一同出游，在旅途中她得到了另一部分重要的教育。斯特丁的生活对于一个追求快乐的妇女和已经走过半个欧洲的年轻军官来说，实在是没有什么特殊的吸引力。出门旅游的机会永远是受到欢迎的，并且他们的家族如此之庞大，永远都不乏相互拜访的机会。他们到过采尔布斯特、汉堡、布伦瑞克和奥伊廷，所到之处，虽不是每家亲戚都能举行豪华的宴请，但是他们都无一例外地受到了盛情款待。1739 年在奥伊廷，十岁的索菲亚公主第一次见到了十一岁的彼得·乌尔里希，他是她母亲堂兄的儿子，当时谁能料到，她后来将从这个男人手中夺取政权。这个男孩看起来虚弱无力，别人跟菲辛说他人品低下，而且更让她不可思议的是彼得小小年纪就开始喝酒了。这次见面并不引人注目，菲辛对此也没有好印象，至少她在后来的回忆录中是这么说的。另一次旅行给菲辛留下的印象则深刻得多。1742 年或 1743 年在布伦瑞克，他们去拜访了一位将她母亲抚养长大的公爵遗孀，当时他们正给美丽的贝维尔公主物色一位好丈夫，一位精于手相的天主教神父说在菲辛的手上看到了三顶王冠，而在贝维尔公主手上却一顶也没看到。在找到丈夫的同时也得到一顶王冠，这大概是当时所有德意志公主的梦想。

在柏林，菲辛第一次见到腓特烈。他自然没有注意到这个女孩，而她也并不关心他。腓特烈当时已经是一位伟大的国王了，正处于人生的辉煌时期，而菲辛只不过是一个小女孩，只是某个小小宫廷里的装饰品，被遗落在帝国一隅。

这便是当时所有德意志公主所过的生活和所受的教育。她说："还能有什么办法呢？我从小就被教育以后要嫁给某个邻近的小公爵，我所学的一切都是为此做准备。但这根本不是卡戴尔小姐和我自己所期望的！"约翰娜公爵夫人的贴身侍女波林金断言，从她平时对菲辛学业的近距离观察来看，没有发现她有任何过人的才学和品质，她将来充其量不过是个"资质平平"的女人。卡戴尔小姐平日管教菲辛的时候，同样也没有发觉，这个学生将来会像狄德罗所描绘的那样成为"承载着时代之光的烛台"。

3

然而，在这平凡的生活中，有些事物早已预示了索菲亚公主未来的命运。这位小公主出生在一个德意志小镇，放眼望去，周围是一片荒凉的沙地，可这个小地方却有一个强大的亲族靠山。不久以前，这个地区的许多小镇曾出现过一支不同制服的军队，这支军队凝聚着一股日益增长的大国力量，这股力量刚刚出现在欧洲就已经让当地人感到惊奇和恐惧了，唤醒了人们无限希望的同时，也带来了无限的忧虑。斯特丁的人们抵抗过白色沙皇的围攻，一切至今仍历历在目。

在菲辛一家看来，俄国是一个如此伟大而神秘的帝国，她拥有庞大的军队，蕴藏无穷的财富，享有绝对的专制，总能成为人们茶余饭后的谈资，有些谈论中甚至带着隐隐的渴望。有何不可呢？像彼得一世的女儿和荷尔斯泰因公爵的婚姻、彼得一世的哥哥伊凡的孙女和布伦瑞克公爵的婚姻，都是一张张巨大的关系网，通过联姻、亲缘和互利关系将德意志诸多弱小公国同这一北方的庞大帝国紧密结合在了一起。菲辛的家族恰好也被编织在这张大网之中，而且关系还十分紧密。1739 年，菲辛在奥伊廷见到她的从表兄彼得·乌尔里希的时候，就知道他的母亲曾是俄国公主，是彼得大帝的女儿。菲辛还知道有关彼得大帝另一个女儿伊丽莎白的故事，因为她差点就成了自己母亲的嫂子。

突然有消息传来，人们没有想到俄国皇位继承者正是伊丽莎白，即卡尔·奥古斯特公爵可怜的未婚妻。1741 年 12 月 9 日，她通过一次政变废除了沙皇伊凡的统治与其母的摄政，这类政变在北方宫廷史上并不罕见。然而，残酷的命运使得这位新上任的女皇和她亲自挑选的未婚夫阴阳相隔，人们都知道她不仅对这位年轻的公爵心存柔情，也对他整个家族有着深深的牵挂。伊丽莎白要求别人将卡尔在世的兄弟的画像寄给她，而且她也没有忘记卡尔还有一个妹妹。所以可想而知，这个政变在菲辛家里引起了多么大的反响！约翰娜公爵夫人心里一定又回想起之前那位精于手相的神父所预言的情景来。如此大好时机，她立马就给这位女皇亲戚写了信，献辞祝贺。女皇的回信简直令人兴奋，字里行间无不饱含深情，还对他们一家的关切深表感激。这一次女皇还请求他们将自己的姐姐荷尔斯泰因公爵夫人的画像寄去，即彼得·乌尔里希的母亲。显然她在收集一组画像，不知这神秘的举动是为了什么。

很快这便有了答案。曾经被女皇安娜·伊凡诺夫娜[1] 称之为"小魔鬼"的彼得·乌尔里希，也就是菲辛此前见过的那位从表兄。他与俄国皇室过近的血统使女皇心神不定。1742 年 1 月，彼得·乌尔里希突然从长住的基尔[2] 消失了，几周之后他出现在圣彼得堡。伊丽莎白女皇派人将他接来，宣布他为自己的继承人。

无论如何，这件事是确凿无疑了。俄国皇室中，菲辛母亲所在的荷尔斯泰因家族战胜了布伦瑞克家族。荷尔斯泰因家族是彼得大帝的后裔，布伦瑞克家族是彼得大帝的哥哥伊凡的后裔，这两位沙皇都没有直接的男性继承人，1725 年以来，俄国皇室的历史就一直在荷尔斯泰因或布伦瑞克两大家族之间摇摆。如今，荷尔斯泰因家族占了上风，新的王储还没完全站稳脚跟，他的命运已然给自己名不见经传的德意志亲戚带去了莫大的荣耀，他的福泽还绵延到了斯特丁。

1　安娜·伊凡诺夫娜 (1693—1740 年，1730—1740 年在位)，即安娜一世，俄国沙皇伊凡五世之女，彼得大帝的侄女。
2　基尔是德意志北部城市，石勒苏益格荷尔斯泰因州首府。

1742 年 7 月，腓特烈将菲辛的父亲提拔为陆军元帅，这显然是在示好伊丽莎白女皇和她的外甥。9 月，俄国驻柏林大使馆的秘书向采尔布斯特公爵夫人呈送了女皇的画像，相框上镶嵌着华丽的钻石。年底的时候，菲辛陪同母亲去往柏林，她们委托了一位很有名望的画家贝斯内为菲辛画像，菲辛自己也知道这幅画像是要送到圣彼得堡去的，而且毫无疑问的是，这不仅仅是给伊丽莎白女皇一个人看的。

女皇安娜·伊凡诺夫娜

接着一年过去了，这一年里没有发生任何重大的改变。直到 1743 年底，由于采尔布斯特家族长房无嗣，遂由克里斯蒂安·奥古斯特的哥哥承袭爵位，他们全家都聚到了采尔布斯特庆祝圣诞，充满欢声笑语。这家人除了此刻的好运相伴，也怀揣着对未来的美好憧憬，或许应该说是大胆的想法。就在愉快的新年即将到来之际，一位信使快马加鞭地从柏林赶到，这次带来的消息让约翰娜公爵夫人激动得险些失仪，就连她一向庄重的丈夫都大吃一惊。这一次，神谕终于兑现了，当初那位神父的手相术似乎就要成真了。这封信来自大公彼得的总管布吕默，专门寄给约翰娜公爵夫人，信上邀请和她的女儿立即前往俄国皇宫。

第二章　赴俄结婚

1

　　约翰娜公爵夫人和布吕默是老相识了。布吕默曾是彼得大公的家庭教师，后来跟着自己的学生到了奥伊廷，曾与公爵夫人见过面。他这次的来信很长，附有很多详细的指示，告诉公爵夫人得尽快收拾上路，尽可能地精减随从，只需带上一名贴身侍女、两名女仆、一名官员、一位厨师以及三四个侍从。等到了里加[1]的时候，便会有一支训练有素的近卫团将他们护送至皇宫的住处。信中还特别提到她的丈夫不得同行，她必须严格保密此行目的，若被问起，则说是为了亲自向女皇的善意表示感谢。但是此事可以向腓特烈坦白，因为他也在这个秘密行动中。随函还附有一张可向柏林银行兑现的汇票，共一万卢布，以偿付旅途开支，这笔钱数目不多，主要是为了避免引起其他人的关注。只要到了俄国境内，他

1　拉脱维亚首都，与俄罗斯接壤。

们也就不需要操心钱的事了。

很明显，布吕默是代表女皇发出的邀请和指示，其实应该说是传达女皇的一道命令。不过他没有进一步指明女皇的意图，这个任务是由另一个人代劳的。在第一位信使到来两个小时之后，又来了第二位，这次来的是普鲁士国王的信函。腓特烈在信上称经过他本人的推荐和努力，女皇将选择采尔布斯特家的公主作为其外甥的未婚妻，一起成为帝国的继承人。事实上，此事确实与腓特烈有关，事情的经过是这样的。

自从"小魔鬼"彼得得以继承皇位，周围迅速燃起了张罗结婚的热情。俄国的宫廷比欧洲其他任何宫廷都更会耍弄阴谋，这里的每一位王公大臣，从彼得大公的前家庭教师德意志人布吕默，到女皇的御用医生法国人莱斯托克，每一个人都有自己心之所向的婚姻候选人以及志同道合的拥护者。有人说法国公主好，有人说波兰国王的女儿萨克森公主好，还有人说普鲁士国王的女儿更合适。萨克森公主有权势最大的政务大臣别斯图热夫的支持，一度成为最有希望的人选。后来腓特烈写道："甘为俄国奴才的萨克森宫廷一心想把波兰国王的二女儿玛丽安娜公主嫁过去，好加强自己的势力……我认为，俄国的大臣们贪污腐败，拿未来皇后本人做交易，草率出卖婚约以牟取暴利，而波兰国王除了一纸空言什么也得不到……"

这位萨克森公主年方十六，秀外慧中，不仅是一位适合结婚的对象，更重要的是，别斯图热夫认为这场联姻将有利于俄国、萨克森、奥地利、荷兰以及英格兰之间的统一，这意味着四分之三的欧洲都形成了联盟，与普鲁士和法国对抗便不在话下。然而，这场联盟没有实现，腓特烈竭尽所能地阻止了他们的结合。只要他再利用自己的妹妹乌尔里卡公主就能彻底击溃别斯图热夫一派，尽管乌尔里卡公主很符合伊丽莎白女皇的要求，但是他最终没有这么做。他说："我不忍心牺牲乌尔里卡公主。"他一度委托特使玛德菲尔特，得知玛德菲尔特资源有限，便让他去委托其法国同僚拉·舍塔赫第，但当时拉·舍塔赫第的状况也好不到哪儿去。这位拉·舍塔赫第在俄国新女皇上位期间可帮了大忙，但随后犯了糊涂，为自己不懈追求的职位付出了那么多，结果煮熟的鸭子还飞了。他离职之后又得以复职，但再也没有之前那般待遇了。政府也不再需要他做事，还要求他事无巨细都要先请示。恰好拉·舍塔赫第正在打听，女皇登基期间，腓特烈国王十分反感大公和其中一位公主的婚姻，不知现在是否还是如此。

腓特烈相当敏锐，正是他出主意，把画家贝斯内在柏林为菲辛所画的肖像呈给圣彼得堡。菲辛母亲的一个兄弟受托将这幅画像呈给了女皇。贝斯内年纪大了，画出来的肖像并不起眼，但是受幸运女神眷顾，这幅画像获得了女皇和她外甥的青睐。1743年9月，到了决定命运的一刻，玛德菲尔特接到腓特烈命令，一定要优先推荐采尔布斯特公主，如果女皇不同意，则推荐黑森达姆施塔特[1]家族的一位公主。玛德菲尔特和拉·舍塔赫第担心自身缺乏影响力，还请求了布吕默和莱斯托克的帮助，经拉·舍塔赫第证实，他们这几个人的联合行动获得了胜利。"他们极力向女皇证明，一个背景显赫的公主不容易听话……他们还巧妙地利用了几位牧师向女皇暗示两种宗教间存在的细微差别，笃信天主教的公主对俄国来说更加危险。"为了进一步论证他们的想法，他们可能还详细讨论了采尔布斯特公爵，拉·舍塔赫第说："他（克里斯蒂安·奥古斯特）是个很好的人，唯一的不足就是有点愚蠢。"总之，12月初的时候，伊丽莎白女皇命令布吕默写了一封信，几周之后，这封信从此颠覆了一个小小贵族宫廷的平静生活。

2

约翰娜公爵夫人和她女儿上路的准备已尽可能的精减，正如布吕默所要求的那样，菲辛甚至没来得及做一套新衣服就出发了。她们总共就带了"两三套衣服、一打长袍、一打袜子和手绢"。既然到了俄国之后什么都不缺，那么她们要做的事情就只有一件——赶紧出发。布吕默向女皇写信道："她恨不得装一双翅膀好更快飞到俄国。"显然，公爵夫人并没有打算就女儿首次出现在俄国的事情大肆宣扬。看到她后来与腓特烈的往来书信，我们惊讶地发现，未来的大公夫人

---

1 德国历史上的一个伯爵领地和大公国，从 1806 年开始黑森达姆施塔特被提升为黑森大公国，从 1871 年至 1919 年，它是德意志帝国中的联邦国之一。

很少出现在她的计划中。公爵夫人此行去往俄国真的是因为菲辛有可能嫁入俄国皇宫吗？她到底有没有提及这件婚事？这些问题都令人怀疑。实际上，她主要考虑的还是自己，满脑子都是一些伟大的计划，她希望能在俄国得到一个与自己伟大想法相匹配的地位。她宣称将为自己的保护人腓特烈提供服务，并提前为此要求了一笔不菲的报酬。她在圣彼得堡和莫斯科就是在做这些事。

菲辛是否知道究竟发生了什么？让她收拾行李的目的是什么？这到底是好事还是坏事？她产生了质疑。但是她已经意识到此行非同小可，绝不像她之前去汉堡和奥伊廷旅行那么简单。出发之前，她的父母发生了一次长久激烈的争执，她的叔父约翰·路易公爵为她举行了庄重的告别仪式，还满怀激动地送了她一件异常华美的礼物，那是一件绣着银线的蓝色织物，十分精美，所有一切都预示着此事非同小可。

不是在1744年1月10日就是在1月12日，他们出发了，并无变故。镇上为约翰娜公爵夫人举办了一场盛大的告别宴会，她向贵宾们敬了酒，这个酒杯还保留在采尔布斯特的市政府里。不过，他们出发前还有一件事值得一提。克里斯蒂安·奥古斯特公爵临别前轻拥女儿，随后将一本厚重的书塞进她的怀里，嘱咐她千万要小心保存，还神秘兮兮地告诉她这本书很快就会派上用场。同时，他还交给妻子一封亲笔信，要她仔细阅读和慎重考虑之后再交给女儿看。他给女儿的这本书是海涅修斯关于希腊宗教的专著，这封亲笔信是他近期阅读和思考的结果，标题是《备忘录》，主要探讨菲辛若要成为大公夫人是否需要改变宗教这件事。这个问题在公爵心中是一块大石头，之前收拾行李时菲辛注意到的那场争吵，正是因此而起。菲辛的父亲希望自己的女儿做好全副武装，拒绝一切可能的诱惑，他为女儿准备的那本书正是服务于这一目的，就如同堡垒上的一门重炮。在这篇《备忘录》中，还有另一份嘱咐，其中既体现了德意志人的务实精神，又反映出采尔布斯特或斯特丁宫廷里的一些繁文缛节。信上对这位未来的大公夫人提出了诸多要求：对将来要依靠的人应当高度尊重和绝对服从；将自己丈夫的喜好置于一切之上；避免与身边任何人过于亲密；在聚会中不要与人单独交谈；管理好自己的零用钱，以免今后受到约束；不得操心政事。两个月后，菲辛体会到，父亲这番"热心的指导"让她受益匪浅，对此心存感激。

公爵夫人和菲辛在柏林待了一些时日，这是未来的俄国女皇生平最后一次见到腓特烈大帝。菲辛的父亲一路将他们送到奥得河畔的施韦特，在这里她和父亲永远告别了。公爵返回斯特丁，公爵夫人一行则要经过斯塔加德[1]和梅梅尔[2]，继续朝里加行进。这次的旅途实在不太愉快，尤其是在这样的季节，雪倒是没有下，但天气足以冻得她们母女二人戴上面罩，这一路上也没有舒适的住所可以休息。尽管先前腓特烈

1　波兰境内。
2　麦尔又译"梅梅尔"。旧地名，即今立陶宛的克莱佩达。

向普鲁士的市长和驿站站长们介绍过赖因贝克伯爵夫人（约翰娜公爵夫人旅途中所用的名字），也没能改善母女俩的处境。"驿站的客房太冷了，"公爵夫人写道，"我们不得不凑合在驿站主人的房间里，这个房间简直像猪圈一样，丈夫、妻子、看门狗、家禽和孩子们全都睡在一起，他们歪七扭八地躺在摇篮里、床铺上还有炉子背后。"过了梅梅尔之后，条件大不如前，现在甚至连一个驿站都没有。公爵夫人一行人乘坐的马车至少得要二十四匹马来拉，现在这些马还得管农民借。越往北越可能遇上风雪，他们在马车后面绑上了雪橇，看起来就像一道风景，但是却让前行变得更加艰难。他们行进得很慢，菲辛在途经的某个国家喝啤酒还喝坏了肚子。

2月5日，他们到达米塔瓦[1]，人马已经筋疲力尽。这次他们终于遇到像样的接待，想起自己一路上不得不改称赖因贝克伯爵夫人，还不得不住在那些邋遢的驿站里，约翰娜公爵夫人那暗自受到伤害的自尊心在这里第一次感到满足。米塔瓦驻扎着一只俄国的部队，指挥官沃叶柯夫上校以最大的热情接待了他们，毕竟这是他们女皇的亲戚。

第二天，他们就到了里加。就像在一出舞台剧里一样，场景总在突然之间变换。公爵夫人在写给丈夫的信里激情澎湃地描述了这场意外的剧情。人民和军队在小镇入口列队等待，副省长杜尔戈鲁奇公爵在场指挥，同样出席的还有另一名高级官员谢苗·基里洛维奇·纳里希金，他是前任俄国驻

---

1 拉脱维亚境内。

伦敦大使。在通往城堡的路上有一辆战车在鸣放礼炮。接待这些外宾的城堡金碧辉煌，所有的房间都布置得高贵华丽，每个门口都有哨兵把守，每个楼梯处都有听差待命，大厅里在击鼓鸣乐。几千盏蜡烛点亮了整个会客厅，到处都是人，大家遵守着宫廷礼仪，身穿庄重的制服或华美的礼服，穿戴着闪闪发光的钻石、天鹅绒、丝绸、金子，互相吻手或鞠躬，简直是一个闻所未闻、见所未见的宏大场面。约翰娜公爵夫人眼花缭乱，仿佛是在做梦。她在信中写道："当我去用餐时，城堡外仪仗队的鼓声、笛声和室内的小号声一同鸣礼。以前受到邀请的时候，最好的情况就是有一支鼓乐队，但有时候连鼓乐队都没有。我总感觉自己是女皇陛下或者某位身份显赫的公主的一名随从，因为我简直不敢相信这样盛大的欢迎仪式是为我举办的！"不过，她完全乐于接受此刻的一切。不知菲辛突然之间见到这样隆重的排场，会产生什么印象，但毫无疑问的是这对她影响一定很深，伟大而神秘的俄国近在眼前，她仿佛提前尝到了未来拥有这一切荣耀的滋味。

2月9日，他们前往圣彼得堡。伊丽莎白女皇要求在莫斯科会见之前，他们得先在圣彼得堡待一段时间，并且要入乡随俗，准备好合适的服装。女皇事先便知道或猜到菲辛不会带多少衣物，所以出了这个巧妙的主意让他们好做准备。如果未来的大公夫人只有带来的那三套衣服和一打长袍，那在这名贵云集的宫廷中岂不是很狼狈？要知道伊丽莎白女皇有一万五千条丝裙和五千双鞋子！后来，菲辛似乎并未介意谈起自己初来乍到时的窘境。

几辆笨重的马车和其他装备全都留在米塔瓦了，现在有另一列车队带领母女俩登上人生巅峰。公爵夫人的信中记载着队伍的情况：

"1. 一支名为荷尔斯泰因近卫团的女皇的胸甲骑兵队，由一名中尉指挥；

2. 高级官员纳里希金公爵；

3. 一名御马官；

4. 一位伊斯梅洛夫斯基近卫团的长官，担任王室侍从；

5. 一位皇室总管；

6. 一位甜点师；

7. 多名厨师及助手，但不知道具体有多少个人；

8. 一名男管家和一名副总管；

9. 一个专门煮咖啡的人；

10. 八名男仆；

11. 两名伊斯梅洛夫斯基近卫团的掷弹兵；

12. 两名军需官；

13. 很多雪橇车和马夫。

众多雪橇车中，有一辆呈深红色，镶以金饰，内裹貂裘，配有丝绸软垫，上面放着女皇命纳里希金公爵带给我的皮大衣和丝绸被褥。我和女儿就坐在这辆雪橇车里，我们两人可以完全躺下来。公主的贴身侍女也有一辆自己的雪橇车，不过条件可没这辆好。"

后来，约翰娜公爵夫人对这辆皇家雪橇车更是赞不绝口："雪橇车很长，顶端是德国款式的椅子，上面挂着镶有银线的红色呢绒。下面铺着毛皮毯和很多垫子，还有好几层毛皮，上面还加盖了羽毛褥子和锦缎被子，躺下去非常舒适，简直就和在床上一样。另外，车夫的座位和车厢之间还有一个很大的空间，一方面是为了增加舒适感，无论路上遇到什么凹陷，我们都很少感觉到颠簸。另一方面这个空间还能摆放很多箱子，箱子里面可以摆些自己有用的物件，白天侍从们可以坐在这里值班，夜里仆人们还能睡在上面。这样的雪橇需要六匹马拉动，两两并排，不会乱套。这全部是由彼得一世发明的。"

1月21日，伊丽莎白女皇就离开了圣彼得堡。然而很多政要和部分外交使团还留在这边的宫里。在那个年代，移驾莫斯科是一件大事，不但需要携带大批的人力，还有家具等物品。女皇外出一趟需要十几万人，市区四分之一的人口都要跟着调走。此刻，法国和普鲁士两国大使急于赶在其他人之前见到公爵夫人和公主，两人一路快马加鞭，拉·舍塔赫第近期曾在返回俄国的途中与公爵夫人母女二人在汉堡见过面，一路上便在大肆吹嘘与二人关系亲近。近来公爵夫人发现身边众人开始极尽所能地献殷勤，这样的氛围中反而显露出一股阴谋和竞争的气息。她从早到晚都在接见宾客，整天穿梭在显要人物之中，适应着这场复杂的政治游戏，她保持优雅地应对一切，并且乐在其中。就这样过了一周，她累得喘不过气，而她的女儿比她表现得更好。公爵夫人给丈夫写信说："菲辛的精力远比我充沛，"还特别强调说，"这样宏伟盛大的场面给她带来了一往无前的勇气。"似乎由此已经可见菲辛具有成为塞米勒米斯[1]女王的潜质。

确实如此，当下经历的一切在这个十五岁的女孩儿心里悄悄开启了通往未来命运的大门，她还明白了如何才能造就和获得这些荣华富贵。她还参观了不久之前伊丽莎白女皇谋划夺取政权时曾住过的营房，见到了普列奥布拉任斯基近卫团英勇的掷弹兵，1741年12月5日夜里，正是他们守卫在女皇身边。这次的体验给内心萌动的菲辛上了一堂生动的教育课。

公爵夫人在这纸醉金迷的日子中欣喜若狂。然而有人阿谀奉承，自然也有人警告威胁，他们的话都说得非常隐晦，可公爵夫人还是暗生焦虑。前面提到过一位有权有势的别斯图热夫，他对这门亲事怀恨在心，并不打算就此退出竞争。他求助了诺夫哥罗德的一位主教安布罗斯·舒赫科维奇，这位主教因为大公和索非亚公主过近的血缘关系而极力反对这门婚事，而且据说，他被萨克森宫廷用一千卢布收买了。这位主教的影响力不容小觑，但公爵夫人也毫不示弱。对手对于她的某些特点有过一番议论，一是她性格过于轻率，连她自己都说自己捉摸不定；二是她总是吹嘘自己，宣称自己善

1　古代传说中的亚述女王。她是女神之女，以美貌和智慧著称。她的丈夫是传说中尼尼微的建造者尼弩斯王。她丈夫死后，塞米勒米斯独自统治国家。人们认为是她修建了巴比伦城，并且对邻国发动军事进攻。

于密谋策划，能够克服重大困难。不过她自己却觉得胜券在握。那么她究竟应该做些什么呢？自然是努力攻克这个与自己意见相悖的大臣。其实有一个解决措施，她早在经过柏林的时候就和腓特烈讨论过这种问题：要消除反对的声音就必须消除这名异己。腓特烈心中早有打算，公爵夫人到达莫斯科后，必须尽快除掉别斯图热夫，布吕默和莱斯托克会从中帮衬。

公爵夫人心中怀揣着如此宏图伟略再一次踏上了行程。

3

这段旅程与从柏林到里加的截然不同，这一程的驿站大多是宫殿官邸。雪橇掠过厚实的冰面，人马日夜兼程以在 2 月 9 日之前抵达莫斯科，赶上大公的生日。最后一站距莫斯科还有七十俄里 [1]，彼得大帝设计的雪橇套上了十六匹马，快马加鞭地跑了三个小时终于抵达目的地。不过旅途中间还是出现了一场意外，耽搁了行程。这辆装载着帝国未来的雪橇在经过一个村庄的时候，笨重的车厢不小心撞上了一间小木屋的屋角，雪橇顶部的两根铁棍被撞下来，差点砸死沉睡的母女二人，其中一根伤了公爵夫人的脖子，好在她包裹着那件皮大衣，缓冲了打击，而此刻的菲辛竟然还没醒。坐在雪橇前面的是普列奥布拉任斯基近卫团的两名掷弹兵，他们被撞飞到雪地里，流着血，还脱臼了。队伍将两名伤员委托给村民照料，继续快马加鞭，终于在晚上八点赶到了莫斯科女

---

1 俄制长度单位，1 俄里 ≈ 1.0668 千米。

皇的寝宫前。

伊丽莎白已经急不可耐，直接跑到了两排侍臣后面等待着客人的到来，她那位外甥更是急不可耐，全然不顾礼节，跑到了客人的住处，还没等他们脱下外套就冲进房间热烈欢迎。很快，他们就被带到女皇面前，这次的谈话非常理想，彼此之间充斥着某种微妙的情感联系，看起来是个好兆头。女皇深情地注视着公爵夫人，随即又迅速转过头走出房间。女皇看着公爵夫人的脸与那离世的未婚夫有几分相似，不禁潸然泪下，急忙出门来掩饰自己的泪水。在布吕默的指示下，公爵夫人上前亲吻了女皇的手，他们表现出的极度尊敬使得龙颜大悦。

第二天，菲辛和公爵夫人被同时授予爵级凯瑟琳勋章[1]，伊丽莎白女皇告诉她们这是大公的意思。公爵夫人给丈夫的信中写道："我和女儿简直过着女王般的生活。"至于那位位高权重的别斯图热夫，公爵夫人根本不需要亲自上阵对付他。彼得·乌尔里希上台之后，荷尔斯泰因人支持的法国和普鲁士的党羽都被吸引到俄国来，已经开始了一场密谋。莱斯托克似乎是这场策划的领导人，他推举了迈克尔·沃伦佐夫伯爵，因为这位伯爵在伊丽莎白女皇上位过程中帮了忙。公爵夫人密切关注的这位别斯图热夫是一位优秀的自由外交官，为什么这么说？原来他在出任俄国国务大臣之前，还为许多

---

[1] 帝俄时期，政府颁赠的圣凯瑟琳勋章是皇室以外俄国女性能获得的最高荣誉（但亦有少数颁予男性的例子），圣凯瑟琳勋章为彼得一世在1713年创立，据说原先只计划颁予他的妻子，当时还是皇后的叶卡捷琳娜一世。

其他国家服务过。公爵夫人似乎对这场斗争的严肃性以及对手的强大缺乏正确的认识，但她记得腓特烈承诺过，一旦她的计划成功，就把奎德林堡修道院送给她妹妹，她实在想得到这座修道院。在腓特烈心里，别斯图热夫垮台是一种重要的政治变革信号，很有可能带来俄国、普鲁士和瑞典的联合。公爵夫人盘算着，若能将自己的名字与这份成就联系在一起，该是多大的荣耀啊！她打心底里认为自己有成就大业的能力，谁让她是个女人，并且还来自采尔布斯特呢。她以为自己参与的策划并不起眼，这是她犯的最大的错误，终有一天她会睁大眼睛认清事实，其实她陷入的是一座无底深渊。至于女儿的婚姻，她与此再无关系。她在写给丈夫的信中说："这已是板上钉钉的事儿了。"菲辛赢得了所有选票，"女皇看重她，皇位继承人爱慕她"。对于这一切，这位准新娘有什么心里话要说呢？这个病恹恹的"基尔小孩"当初在奥伊廷给她留下的第一印象此刻是否有所改观？公爵夫人心里压根没有惦记这些问题。彼得是大公，有朝一日会成为皇帝，她觉得如果女儿对这样的幸福还不满意，那她的内心实在和其他德意志公主不甚相同。另外，这个病恹恹的小孩命中发生了这么重大的转折，那么就来看看他都经历了什么吧。

4

1728 年 2 月 21 日，彼得·乌尔里希于诞生于基尔。荷尔斯泰因大臣巴谢维茨给圣彼得堡写了一封信，信上说安娜·彼得洛夫娜公主[1]诞下一名"健康强壮的男婴",当然这只是对官里这么交代,其实这个男婴一点也不壮实,而且以后也没有变得壮实。他三个月大的时候母亲就过世了,医生说是死于肺痨。这个男孩儿体弱多病,因此耽误了他受教育。在他7岁之前,官里给他在基尔和斯特丁都请了法国保姆,还有一位法国教师米勒。在7岁那年,他却突然被送到荷尔斯泰因近卫团去受训。于是他还没成年就已经成了一名士兵,驻守营房、打杂劳役、站岗放哨、阅兵游行他都参加过,士兵们低俗的一面也被他继承了,整个人粗鲁、多虑又吝啬。经过训练,他进入了近卫团。1737年,年仅九岁的彼得·乌尔里希就成了一名中士。按照规矩,他手握步枪在接待厅门口站岗,他父亲就在里面大宴军官。看着一盘盘美味佳肴不断从眼前经过,他不由得流下两行眼泪。上第二道菜的时候,他父亲就把他召回,任命他为中尉,允许他上桌一同进餐。后来,彼得继承了皇位,仍然很怀念这个时刻,在他心里这是这辈子最幸福的时刻。

　　1739年,彼得的父亲过世,生活彻底改变了。彼得有一位主管教师,他就是前文提到过的荷尔斯泰因人布吕默,布吕默手下还带领着其他几名教师。呼列尔称赞布吕默"不同凡响",但又指出他犯了一个严重的错误,那就是"以最高标准来教育这位年幼的公爵,过多关注他所得到的地位而不是能力"。其他人对布吕默的评价则不是很好,法国教师

1　彼得大帝之女,伊丽莎白女皇的姐姐。

米勒说他"驯马倒还可以，训公爵可就不行了"。布吕默似乎比较粗暴，完全不考虑这位学生体质较弱，时常过分地惩罚他，比如不让他吃东西，或是让他长时间跪在干豆子上。但是这个"小魔鬼"竟然顽强地存活着。他的血缘可以继承俄国和瑞典两国的皇位，因为有这样两种机会，他既要学习俄语，还要学习瑞典语。然而结果是他一种也没学会。1742年，彼得来到圣彼得堡，伊丽莎白对他的愚昧无知大吃一惊，于是她将他交给斯塔林管教。斯塔林是萨克森人，1735年来到俄国，是一名雄辩家、诗人，并研究了戈特舍德[1]哲学和沃尔夫[2]逻辑学等诸多领域。他是一位才华横溢的教授，为宫廷庆典写诗，为女皇的剧院创作意大利戏剧，为庆祝战胜鞑靼人设计过纪念勋章，在皇家教堂指挥合唱，还为宫廷设计过焰火图样。

由此不难看出彼得在这样的环境中受到的是什么教育。布吕默还作为总管留在彼得身边，据斯塔林报告，他比之前更粗暴。有一次，布吕默挥舞的拳头把年幼的彼得吓得半死，冲守卫大喊大叫寻求帮助，斯塔林不得不对布吕默的暴力行为加以干涉。

就这样，菲辛未来的丈夫逐渐成为一个恶习累累、有性格缺陷的人，暴躁又狡猾，懦弱又自大。他连篇的谎言令率

---

1 1700—1766 年，德意志文学理论家、作家。戈特舍德的哲学观点属于理性主义。

2 德意志博学家、法学家、数学家、启蒙哲学家。沃尔夫的哲学是与莱布尼茨联系在一起的，也被称为莱布尼茨沃尔夫哲学。这种哲学在康德之前一直在德意志占统治地位。

真的菲辛大跌眼镜，正如后来他的怯懦使全世界大跌眼镜一样。有一天，彼得向菲辛吹嘘着自己与丹麦人作战的英勇事迹，菲辛便问他是什么时候的事。他说："在我父亲去世前三四年吧。""可您那时才七岁吧！"彼得霎时间气急败坏。他依然这么瘦弱，身心皆不完满，发育迟滞且衰竭的躯体里还住着一个扭曲的灵魂。在约翰娜公爵夫人看来，如果菲辛想依靠和彼得的爱情在俄国站稳脚跟，对她肯定很不利。这个年轻人如此狼狈不堪，他们是否还会恋爱呢？

庆幸的是，菲辛完全可以依靠自己的资源在俄国生活。如果我们没有证据可以证明她自己所说的故事是真的，那么她对自己这段时期的描述实在是令人不可思议。她才十五岁就已经展现出过人的才智，具备正确的观念、准确的判断以及令人称羡的敏锐洞察力，这些构成了她日后大部分的智慧，或者说是全部智慧。首先，她清楚地知道要想留在俄国，并且成为一个有影响力的人，必须先把自己当成一个俄国人。彼得就从来没有考虑到这一点。菲辛很快就发现，彼得操着一口荷尔斯泰因的语言，身上带有强烈的德意志作风，已经造成了很多人的不适和不满。而菲辛则坚持每天半夜起床，温习俄语老师阿达杜罗夫教的功课。她经常不加衣服，光脚在房间走动，以此保持清醒，结果着了凉，不久之后生命垂危。

1744 年 3 月 26 日，拉·舍塔赫第写道："年轻的采尔布斯特公主罹患胸膜肺炎。"萨克森党振奋起来，但拉·舍塔赫第说女皇心意已决，不论发生什么事，萨克森党都不会得逞的。"女皇前天跟布吕默和莱斯托克说道：'那帮人无机可乘。如果这个可怜的孩子不幸离世，我也绝不会接纳一位萨克森公主，我宁可下地狱。'"布吕默也告诉拉·舍塔赫第他已做好打算，如果最坏的情况到来，不二候选人必定要是黑森达姆施塔特公主："普鲁士国王先前嘱咐过若采尔布斯特公主落选了，则推荐黑森达姆施塔特公主。"尽管这份方案很鼓舞人心，但拉·舍塔赫第并不看好这个前景，他写道："我一直都很看重公爵夫人母女二人，她们也相信我能促成她们的幸福未来。如果事情就此发展下去，我们将遭受极大的损失。"

当野心勃勃的竞争者们争斗不休的时候，索菲亚公主还在同死亡抗争。医生们提出放血治疗，遭到了她母亲的反对，于是就禀报女皇，但女皇此时却在三圣教堂的修道院里虔诚祷告。虽然她不经常去那儿做祷告，可每一次都会十分投入。五天过去了，病人还在昏迷中等待。终于，伊丽莎白女皇和莱斯托克赶到了，她立刻下令放血。可怜的菲辛失去了知觉，当她苏醒过来的时候发现自己正躺在女皇怀里。女皇为了抚慰放过血的菲辛，赐予她一串钻石项链和一对耳环，而公爵夫人却在心里计算着这些奖赏价值两万卢布。彼得也大方起来，献给菲辛一块镶了钻石和红宝石的表。不过钻石珠宝对于发烧可起不到什么作用，在接下来的二十七天，菲辛又放了十六次血，有时候一天之内要放四次。终于，由于菲辛自身生命力旺盛，身体结实，病情逐渐好转。这次持久而重大的危机似乎还给她的命运带来了决定性的有利影响。而她母亲几次三番和医生唱反调，与侍者发生争执，甚至折磨自己的女儿，引起众人不满。菲辛的叔父路易曾经送她一块精美的天蓝色织物，不知为何公爵夫人也从菲辛那里拿来，据为己有。显而易见，这个事件使得整个病房开始躁动，所有人一致谴责这位不像话的母亲，深深地同情着遭受母亲冷遇的菲辛。菲辛失去了那块布料，但是却因祸得福，并且还有其他收获。大家都知道她是为了学习俄语才染上的病，如今她在俄国人心中的形象更加亲近可爱。一个年轻的女孩儿光着脚，不惧严寒，彻夜学习她从未接触过的斯拉夫语言，这样的画面完全征服了所有人的心，成为一段传奇。据说，在菲辛病危之时，她母亲曾想传唤一位新教牧师来，菲辛却反对道："叫他来干嘛？去请西蒙·托多洛斯基。"西蒙·托多洛斯基是一名东正教牧师，负责彼得大公的宗教教育，后来也同样负责大公夫人。

在这个时刻，索菲亚公主在这个微妙的问题上是怎么想的？这个决定一定很难。某些迹象标明，海涅修斯的专著以及父亲奥古斯特公爵《备忘录》里的忠告给她带来了深远的影响。她还在哥尼斯堡[1]的时候就给父亲写信说："我祈求上帝赐予我力量来抵抗我将受到的一切诱惑。主必会倾听您和

1　加里宁格勒的旧称哥尼斯堡，是位于波罗的海海岸的俄罗斯海港城市与加里宁格勒州的首府。自中世纪起，此城长期为德意志人居住之城市，但在二战结束时，苏联红军对东欧许多地区的德意志人进行驱逐，因此此城主要民族由德意志人变为由俄罗斯人为主的斯拉夫人，并持续至今。

母亲的祷告,赐予我这份恩典。"玛德菲尔特却对此表示担忧,他写道:"有一个问题一直使我犯难,即公爵夫人认为或假装认为公主永远都不会改信东正教。"有一次,公主因教皇的讲课而感到惊扰,他还请来了牧师。对于一个在路德教氛围中长大的德意志公主改信东正教所遇到的困难、克服这些困难所需的时间以及解决道德问题的过程,菲辛在后来谈及自己的经历时提出了一些看法。1766年8月18日,她给格里姆的信中提到为她儿子保罗挑选的结婚对象符腾堡公主,说道:"一旦选定了她,就马上让她改变宗教,这个过程至少得要十五天……为了抓紧时间,已让帕斯杜科夫赶去梅梅尔教她基本的俄语,先学会用俄语做忏悔。"

不过,大公夫人在病危时拒绝新教牧师相当于否认了童年时期就树立的信仰,召唤托多洛斯基就等于是承认改信东正教,这件事为她赢得了众人的信任。从那时起,菲辛在俄国的地位得以巩固。她相信,不管未来发生什么,这个笃信东正教的纯朴民族都会支持她,人们也支持她的兴趣爱好以示回报。他们之间的这种联系将一个身份低微的德意志公主和伟大的斯拉夫民族嵌在一起,这一份长达近半个世纪的契约使他们形成了命运共同体,直至死亡将其分开。这种联系、这份契约就从这一刻生根发芽。

1744年4月20日,索菲亚公主大病初愈后第一次出现在公众视野。她依旧面色苍白,女皇便赐了她一盒胭脂。尽管如此,她还是吸引了万众目光,并且是善意的目光。宫廷的冷漠气氛因她而逐渐消融明朗，将来某天还会因她大放异彩。彼得也表现得更加殷勤和坦白，只不过他这样是为了告诉他未来的妻子一件事：他已和女皇的一位名叫拉普开娜的侍女互通私情。这名侍女的母亲最近被流放到西伯利亚去了，她自己也得离开宫里。彼得本打算与她结婚，却不得不屈从于女皇的命令。菲辛感到一阵脸红，仍然感谢大公愿意向她吐露心中的秘密。显而易见，这二人同床异梦，未来并不光明。

5

这段时间以来，公爵夫人沉迷于她的外交事业，与特鲁贝茨柯依家族还有贝茨基等人交上了朋友。她还举办沙龙，汇集了一切反对当前政治体系的人，即别斯图热夫的所有政敌：莱斯托克、拉·舍塔赫第、玛德菲尔特、布吕默。她组建了一个内阁，玩手段、耍阴谋，轻狂的脑袋中满是一心向上的热情。她想，作为驻俄大使以及腓特烈最珍贵、最优秀的盟友，腓特烈一定会对她赞赏有加。她只看到事业的成功和奎德林堡修道院都尽在股掌之中，却没看到脚下的万丈深渊。

1744 年 6 月 1 日，伊丽莎白女皇又去了一次三圣教堂。这一次仪式周全，举行了庄严的朝圣，半个宫廷的人都跟着来了。彼得一世在叛乱时期曾在这个古修道院建过一座避难所，他曾发誓，继承皇位之后，只要去莫斯科就要举行朝圣。索菲亚公主身体尚未痊愈，无法陪同女皇出行，公爵夫人也留下来陪她。但三天后，信使带来了女皇的信，要求母女二人一同参加朝圣，并在三圣教堂出席入场仪式。她们刚到那儿，彼得大公就来了，还没等她们安顿好，女皇也在莱斯托克的陪同下来了。女皇看起来有些不安，命公爵夫人跟她进了隔壁房间，莱斯托克一同去了。这次谈话时间很长，但菲辛并未在意，她一直在听彼得夸夸其谈。渐渐地，活泼的菲辛打破了彼得给人带来的局促感，让彼得玩兴大发，两个人愉快地谈笑着。突然，莱斯托克进来严厉地说道："您该停一停了，"并对索菲亚公主说，"您最好赶紧收拾一下。"菲辛吃了一惊，彼得问莱斯托克这是什么意思，他回道："您很快就会知道了。"

菲辛在回忆录中写道："我非常清楚，他（大公）会毫不留情地抛下我。鉴于他这样的态度，我可以对他置之不理，但我不会对俄国的皇位置之不理。"一个十五岁的女孩儿那时就开始考虑皇位了吗？有可能。不过这是她在四十年后写的回忆录，肯定会夸大童年的一些印象，她谈到这个阶段时写道："我看不见任何美好未来，是我的野心支持着我。在内心深处有一种不可名状的东西，使我从未怀疑我将来会成为俄国女皇。"这里很明显夸大其词了，还带有先验论的影子。但是彼得的皇位确实能够让这位少年老成的公主产生一些幻想。一直以来，人们对于彩礼都会抱有不切实际的"期望"，就连十五岁的新娘都很会盘算。

女皇很快就走了出来，满脸通红，公爵夫人跟在后面神情激动，眼含泪水。两个孩子还坐在窗台上，晃着双脚，被莱斯托克一番话吓得忘了该做的事，他们一看到女皇便急忙跳了下来。这个场景似乎消除了女皇的怒气，她微笑着上前拥抱了他们，一句话也没说就走了。这个秘密很快就揭晓了。原来一个多月以来，公爵夫人一直处于敌人给她设好的雷区之内而不自知，自以为他们都很好对付，然而这个地雷却爆了。

法国的拉·舍塔赫第侯爵返回俄国，时年三十六，被誉为当时最优秀的外交官。在宫廷里，成功取决于是否讨人喜欢、能否取悦他人，他身材高大，成熟优雅，颇具绅士风度，像他这样的人注定能在宫里谋得要职。据说他运气好，早就在宫里讨得欢心了。他制订了一个计划，艰难地说服凡尔赛那边采用了这个计划，促使别斯图热夫下台好换取俄、法两国之间的一个协议。俄、法之间曾为此协议争论许久，和"皇帝"这个称号有关，彼得大帝之后的继承人们使用"皇帝"称号是心照不宣的事，但尚未明文记载，法国国王路易十五的官方文件上也从未写过这个称号。这次拉·舍塔赫第收到的国书中却写明了这个称号，他把这些国书留在自己身边，以待别斯图热夫倒台后交给其继任者。伊丽莎白女皇对这件事一清二楚，很快官里其他人也知道了。这名法国外交官利用自身优势，可直接与女皇接触，而不必通过她的政务大臣。他滥用权势不说，还低估了伊丽莎白女皇。

彼得一世的这个女儿既好动又懒散，既爱寻欢作乐又喜欢处理国务。她梳妆打扮能花上好几个小时，且十分独断专行，有时一个签名或一道命令能让人等上几个星期甚至几个月。纵欲无度伤害身体，宗教狂热损害理智，用我们今天的话可以说她是一个神经质的女人。德布列特男爵在一份报告中提到，1746 年俄国和维也纳达成了一项协议，1760 年在续签这项协议的时候，她刚写下"伊丽"二字，一只黄蜂落在了笔头，

伊丽莎白女皇肖像

她就没有继续签字，拖到六个月后才把签名补全。

约翰娜公爵夫人这样评价她的外貌："从前伊丽莎白女皇身材高挑匀称。我认识她的时候，她已经有点发胖了。圣艾弗列蒙描述霍顿斯·曼奇尼大公夫人的时候说'相较她现在苗条的身材，她要是再胖点会更好看'，这句话同样适用于女皇陛下。她的长相无可挑剔，鼻子虽不够完美，却也是耐看的。嘴唇优雅的弧线之间像是藏着无尽的柔情蜜意，永远看不腻，这张嘴就算只会说出斥责的话，听起来也是可爱的。珊瑚色的唇间露出珍珠般的皓齿，没有亲眼见过根本无法想象。我对她深邃的双眸印象深刻，看起来像黑色，但其实是蓝色，所有温情都生自这双眼睛。她额头生得俊俏，有一双黑色的眉毛，浅亚麻色的头发柔顺均匀，只要轻轻一梳

就很别致。她浑身散发着贵族气质，神采奕奕，举止大方，谈吐优雅，礼仪周到。总之没有人能比得上她，无论是容貌、脖子还是双手都独一无二。我很清楚自己在说什么，绝无私心。"

　　而在骑士迪昂[1]的笔下，情况则截然不同："在她敦厚的外表下其实隐藏着尖锐的目光和敏锐的大脑。在她面前若事先不多穿几件胸甲防护，恐怕你有几层皮、几根骨头都会被她看穿，你的五脏六腑和整个灵魂她都检视个遍，等你惊觉已为时太晚。诚实温厚只是她的面具。譬如，她的美名遍播法国以及整个欧洲，人们认为她性子很好，她刚掌权的时候对圣尼古拉斯画像发过誓，说在她统治期间决不处死一个人。确实，她兑现了诺言，一颗人头也没砍，她只不过是割了两千条舌头和两千双耳朵……你们也许知道尤道柯西·拉普契娜的故事吧，她确实是犯了错事触怒了女皇陛下，但她最大的错在于做了女皇的竞争者，并且还比她美貌。伊丽莎白命人用烧红的铁条刺穿她的舌头，还让刽子手用鞭子打了她二十下，而这个可怜的女人当时还怀着孩子，快要生产了……她的私生活也如此矛盾，一会儿不信教，一会儿又信教，信教的时候就怀疑无神论，支持迷信观念，在圣母玛利亚面前跪上好几个小时，热切地与她交谈，还询问现在该在哪个近卫团中挑选情人……我还忘了一件事，那就是女皇陛下爱饮烈酒，有时酒性大发失去知觉，侍女不得不将她的裙子和束

1　迪昂·德·鲍蒙（1728—1810），法国历史上神一般的间谍和剑术大师。

腰剪开，她还要殴打仆人和侍女。"

拉·舍塔赫第与性情如此古怪的女皇打交道实在困难重重，而约翰娜公爵夫人与他结盟，把所有希望寄托在他一个人身上，可见是走了一条多么危险的路。玛德菲尔特不再参与其中，布吕默也渐渐远离了这个党派，莱斯托克生性精明，原地观望，见机行事。凡尔赛来信告诫拉·舍塔赫第侯爵谨慎行事，最后干脆命令他不要过分相信对方会因此而感激，不要做这种不可靠的交易，信上说"法国国王不就是法国皇帝吗"，毕竟称号不是什么太要紧的事。其实眼下最好是将这封信交给女皇，以示讨好，说不定还能说服她通过大臣来签订协议。拉·舍塔赫第称他将谨遵诏命，可这样做却有些困难，他没有办法引起伊丽莎白女皇的注意，哪怕十五分钟。

与此同时，别斯图热夫采取守势，借助一位德意志解码专家（也可能是犹太人）哥德巴赫的帮助，他拦截并曝光了上述那位法国大使的大量信件，并将其中有关伊丽莎白的文字报告给了女皇本人，引起了高度关注。拉·舍塔赫第在信中说她懒惰轻浮、纵情享乐，一天要打扮四五次，可想而知女皇多么动怒，后果多么严重。拉·舍塔赫第被喝令不得再使用国书，这就等于失去了身份。法国那边命令他在二十四小时内撤出俄国。女皇曾赐予他一个镶钻的鼻烟壶，盖子上还嵌着她的肖像，她命人将盖子上的画像取走，只给他留下一个鼻烟壶。

涉事的不止拉·舍塔赫第一人，公爵夫人也参与了这场阴谋，信件里提到她向普鲁士和法国使者泄密并与腓特烈秘密通信。公爵夫人的间谍身份随即曝光，女皇也私下质询了她。以上就是三圣教堂内神秘事件的前因后果。

公爵夫人落荒而逃，伊丽莎白嘴中道出的真相令她难以平静，面对无法挽回的损失，她终于对这个宫廷的希望全部幻灭，就连腓特烈许诺给她的那些财富也一并烟消云散。拉·舍塔赫第的继任者德·阿尔比恩在事发一年后写道："拉·舍塔赫第的信件被拦截之后，女皇发现公爵夫人的名字频频出现在这些信件中，女皇果断地开始排斥她……她最好是回德意志。"其实，在这阴云密布的时刻，她仍有最后一线生机，可惜的是，这唯一的机会她没看见。

6

菲辛安然无恙地度过了这次危机，她的使命胜利在望，她和大公的婚姻已成定局，就连对手也相信她是清白的。但还有一个微妙的问题就是索菲亚公主正式入东正教。此前，公爵夫人根据丈夫的禁令，一直努力捍卫自己和女儿对天主教的信仰。公爵夫人为此还咨询过，彼得一世的长子阿列克谢[1]之妻一直信奉天主教，是否能成为菲辛的先例，但是她并没有得到想要的回答。她写信通知了丈夫克里斯蒂安·奥古斯特，在信上说了一些安慰的话。她又找西蒙·托多洛斯基对了一遍东正教义，与天主教义仔细比照后发现两者没有根本上的差别。菲辛心里是早就接受东正教了。西蒙·托多

1　伊丽莎白女皇同父异母的哥哥。

洛斯基在这一问题上的论辩让人无法反驳，他是个见过世面的聪明人，曾在哈勒大学[1]求学，但克里斯蒂安·奥古斯特不肯让步。后来腓特烈写道："公爵在这个问题上很顽固……对于我的意见，他永远都回答说'我女儿决不能信奉东正教'……我找到了一位牧师，他同意去劝服公爵，向他辨明东正教和天主教是差不多的。到后来，公爵总是念念有词：'天主教和东正教，东正教和天主教，都是一码事。'"6月，伊丽莎白派出的一名信使带着公爵的手信回来了，他正式同意了菲辛的婚姻和转教，他在信中说这个决定是上帝的旨意。

这位年轻的新教徒公开改奉东正教的仪式定于6月28日，次日便是圣彼得和圣保罗日[2]，菲辛和大公的婚礼将在这天举行。典礼就要到了，菲辛思绪万千，德意志亲戚寄来了大量信件，但这并没有让她稍稍平静下来。曾与她有过交集的人们对此评论不一，他们从未预料到当初那个不起眼的德意志公主能走到今天。有人关心，有人担忧，也有人嫉妒，甚至又有人提起了那位不幸被沙皇阿列克谢抛弃和遗忘的女人夏洛特。菲辛从这些信件中看到更多的是嫉妒，能有几人是真正为她考虑呢？一想到自己的将来，菲辛就忧心忡忡。

1744年6月28日清晨，通往戈洛文斯基教堂（Chapel of the Golovinski Dvarets）的路边挤满了大臣和宾客，菲

1　德意志一所著名的国立综合性研究型大学，也是欧洲历史最悠久的大学之一，是16世纪宗教改革运动的知识中心及18世纪德意志辩证学的发源地，该大学培养过许多杰出校友，如宗教改革之父马丁·路德。
2　每年6月29日是为了纪念耶稣的两名忠实使徒圣彼得和圣保罗的殉道。

辛身着绣着银色花边的红色长袍，头发上没有多余装饰，只绑着一根白色的绸带，尽管如此，她依旧青春动人，镇定自若中带着些许羞涩。在众人面前，她用俄语诵读东正教义，声音没有一丝颤抖，脑中没有丝毫犹豫，大家都为之感动。就连那位曾经反对过这场婚姻的大主教都闻之落泪，在场的其他人

叶卡捷琳娜的画像，收藏于埃米尔塔什博物馆

都不自觉地跟随他一起落泪。当初彼得·乌尔里希改变信仰的时候，众人也纷纷落泪，他自己却在牧师面前扮鬼脸取乐。这样感人的场面只不过是仪式的一部分。女皇为表满意，赐予她一枚胸针和一串钻石项链，正是公爵夫人曾估价十万卢布的那条。

　　菲辛在上帝和众人面前宣布："我相信并忏悔，只改变信仰不足以赎我的罪。"不知克里斯蒂安·奥古斯特公爵听见了会怎么想。这番话让菲辛彻底和过去断了关系，想必她说出这些话也付出了不少的努力。离开教堂的时候她已经筋疲力尽，宴会都没去参加。不过当跨过教堂门槛时，她已不再是菲辛，也不再是索菲亚·弗雷德里卡公主了，就在这一天，

她以自己东正教的名字"叶卡捷琳娜·阿列克谢耶夫娜"做了第一条祷告。她同丈夫说，只是在原来的名字上加上了"叶卡捷琳娜"，坚信礼[1]上都是这样做的。至于"阿列克谢耶夫娜"这个姓，在俄语中其实就是"奥古斯特之女"的意思，这是最接近原名的俄国姓氏了。克里斯蒂安·奥古斯特公爵无话可说，这段时间以来他一直都在试着接受，再说，有女儿同别国联姻对他们这种家族而言是好事。

次日，婚礼在乌斯宾斯基大教堂举行。公爵夫人亲自将两枚价值五万埃居[2]的戒指戴到叶卡捷琳娜及其丈夫手上。呼列尔等几位作家认为叶卡捷琳娜当时就获得了皇位继承权，若大公逝世，她将是继承者。现代俄罗斯的一些权威人物则对此提出了质疑，毕竟这在当时的官方声明中无迹可寻。叶卡捷琳娜有礼有节，魅力十足，赢得一众欢心。叶卡捷琳娜成为大公夫人后，公爵夫人发现女儿在重要场合总是比她这个母亲优先，就忍不住红了脸。很快，她还发现女儿正在利用新身份带来的机会摆脱她的监护。公爵夫人本该享受的一切都在远离她，她是如此不受欢迎，仿佛一个陌生人，根本没有人同情她。女皇赏赐了叶卡捷琳娜三万卢布，她生平第一次有了零用钱，用当时宫里的话说叫"打牌钱"，这笔钱对她而言简直是无尽的财富。一开始，她就将其中一大部分钱用来做好事了。她有个弟弟不久前被送到汉堡读书，她

1　一种基督教仪式。根据基督教教义，孩子在一个月时受洗礼，十三岁时受坚信礼。孩子只有被施坚信礼后，才能成为教会正式教徒。
2　是法国古货币的一种。

宣布由她来承担他读书的所有开销。叶卡捷琳娜在宫里有自己的住所，身边主要的大臣、管家和贴身男仆都经过精心挑选，服务于腓特烈和公爵夫人的随从全都排除在外。她甚至还留下了别斯图热夫的儿子彼得·别斯图热夫。公爵夫人大失所望之下，时不时发脾气甚至取笑别人，再一次用行动证明了自己缺乏分寸，本来就没有人气的她已毫无挽留的余地了。她还与大公产生了激烈冲突，气得大公把早年在兵营里学到的粗暴言辞都用在了丈母娘身上。

　　相比之下，叶卡捷琳娜已在新环境中站稳了脚跟，极尽所能地熟悉这片日后将管理的广袤疆土。她在大公和母亲陪同下去了基辅，这趟旅程给她留下了不可磨灭的印象。她所生所长的德意志面积不大，但这次出行中，她亲眼见证人马行驶了五百英里都没走出伊丽莎白的疆土，所到之处民众无不拜倒在女皇脚下，心中不由得渴望起这种无限的权威。然而年轻却不乏智慧的叶卡捷琳娜早已看到伟大帝国的另外一面。在圣彼得堡和莫斯科时，目之所及尽是闪耀的王冠、奢华的宫殿和女皇的华服，可如此盛景之下，她还看见了俄国人民令人咋舌的真实境况。他们衣不蔽体，食不果腹，住在烟熏雾缭的小棚屋里，贫穷和劳役如十字架一样重重压在他们背上。此时的叶卡捷琳娜对社会制度的弊端和政府权力的滥用无可奈何，但这些所见所想在她心中种下了改革的萌芽，以至于后来在执政前期她都一直本着仁慈之心和自由精神治理国家。

回到莫斯科后，她发现身居高位其实也是一件烦琐之事。一天傍晚他们去看戏剧，女皇就坐在她和彼得包厢的对面，叶卡捷琳娜发现女皇严肃的目光正直直地投向自己。紧接着，女皇对身边的莱斯托克吩咐了几句，他便来到叶卡捷琳娜面前，故意表现得很强硬，冷淡而严厉地告诉她女皇生气的原因。原来，叶卡捷琳娜近几个月花光了七万五千法郎，还另借了一万七千卢布，这么多钱就这样从她指间流走。她用这些钱做了什么？要知道她只从家里带来三套衣服，一开始连床上用品都是从母亲那里借的，一直这样下去也不是办法。她还发现送礼能更快交到朋友，这一点俄国比采尔布斯特有过之而无不及，以她初来乍到的身份地位，除了送礼也没有别的办法，这一大笔开销可省不掉。就连大公也喜欢通过送礼物来维持自己与未婚妻的关系。这些细节描述都来自叶卡捷琳娜的回忆录。

10月，彼得罹患胸膜炎，尽管他很不耐烦，但不得不待在房中。两个月后，彼得胸膜炎刚好，又不幸患上另一种更要命的病——天花。在从莫斯科去往圣彼得堡的路上，彼得染上了天花，被迫停留在霍提洛沃。伊丽莎白的未婚夫就是死于天花。女皇下令立即将叶卡捷琳娜和她母亲送往圣彼得堡，自己留下来陪着彼得。叶卡捷琳娜第一次用俄语给彼得写了一封情意绵绵的信。当然，信是俄语老师写的，她照样抄了一遍。

第二次来圣彼得堡，叶卡捷琳娜见到了瑞典大使吉伦伯格伯爵，他带来消息说她的叔父阿道夫·腓特烈和普鲁士的乌尔里卡公主结婚了。早在 1740 年，他们就在汉堡见过一次面，吉伦伯格伯爵当时就认为叶卡捷琳娜拥有哲学头脑。如今，伯爵很想知道她的进展，并推荐她读普鲁塔克[1]、西塞罗[2]生平史和《罗马盛衰原因史》[3]。叶卡捷琳娜则回赠了一幅自己画的自画像，命名为"十五岁哲学家的肖像"。她在回忆录中说，1758 年再看到这幅年幼时的作品时大为吃惊，没想到那时的她就已经如此深刻地认识了自己。

直到 1 月底，彼得才启程前往圣彼得堡。据说，叶卡捷琳娜一见到彼得就激动地拥抱了他，刚回到房间就晕过去了，三个小时后才醒过来。发过天花之后，彼得脸上的麻子和一顶巨大的假发让他形容莫辨。只有公爵夫人还在给丈夫的信中说他比以前更好看了。尽管诸事不顺，但大公一回来，宫里就开始忙着筹办婚礼了。

7

彼得一世的儿子阿列克谢是在萨克森举行的婚礼，且在此之前，俄国的皇储们在结婚时都还不是皇位继承人。这次的仪式在俄国还是第一次，于是他们向刚举办过这种婚礼的法国和萨克森宫廷打听仪式的细节，得到了大量信息甚至还有草图，他们不仅要学习这些先例，场面还要超过他们。涅瓦河刚刚解冻，英国和德意志的船只便络绎不绝地开了进来，

1　罗马帝国时代的希腊作家、哲学家、历史学家。
2　古罗马著名政治家、演说家、雄辩家、法学家和哲学家。
3　孟德斯鸠（1689—1755）的代表作史著。

装载着从欧洲各地订购的马车、家具、布料等。克里斯蒂安·奥古斯特送来了采尔布斯特的贺礼,是绣有金丝银丝的绸缎,十分厚重。那时绣花的丝绸很流行,据内行人说,英国尤其擅长生产这种布料,采尔布斯特紧随其后。

婚期改了又改,最终定在 8 月 21 日,庆典将持续到 30日。彼得大公的医生们倒是希望婚期能延一延,因为彼得在3 月的时候又卧床不起了,一年的时间恐怕都不够他完全恢复的。但伊丽莎白不想再等了,她想尽快摆脱叶卡捷琳娜的母亲,而且她的不耐烦还有更重要的原因。彼得的健康堪忧,皇位继承无法得到保障,年幼的伊凡[1]还在监狱里,这个阴影在她脑海里挥之不去。

约翰娜公爵夫人在惹人厌的道路上越走越远,在俄国驻留的最后几周内,她还在处处惹是生非,甚至还谴责自己的女儿在夜里与未婚夫私会。女皇命人截留她的信件并仔细检查,也没有打算邀请她的丈夫参加这次婚礼。公爵夫人还一直让丈夫做好随时接受邀请的准备,但邀请迟迟没来,腓特烈也这样被玛德菲尔特误导了。最后,公爵夫人不得不承认自己很可能会在婚礼之前就被遣返回国。

英国大使在信件中说他从未见过一支如此壮观的队伍,他们将叶卡捷琳娜护送至喀山圣母大教堂[2]。宗教仪式从上午

1　1740—1746 年。1740 年,其母安娜发动政变而即位,1741 年被女皇储伊丽莎白·彼得罗芙娜发动政变推翻。母子被囚。
2　莫斯科最重要的教堂之一,是为了纪念击退 1612 年的波兰军队入侵而建造的。

十点开始，直到下午四点才结束，这座东正教堂认真地履行了自己使命。接下来的几天里，庆祝活动持续不断，大摆国宴，还有正式舞会、假面舞会、意大利歌剧、法国戏剧，处处张灯结彩，焰火绚烂，可谓应有尽有。公爵夫人详细描述了婚礼这天的情景："凌晨一点，舞会结束后，群臣先离开，女皇随后摆驾婚房，新郎新娘牵着手紧随其后，我和哥哥还有一些女眷、侍女也跟在后面。一到婚房，所有男人都出去并将大门关上，只留猎骑兵长官拉祖莫夫斯基伯爵和我的哥哥跟随新郎走进一个房间，帮他换衣服。新郎换衣服的时候没有一个人敢进去打扰。女皇先替新娘摘去皇冠，我将替新娘穿衬衣的荣幸让给了黑森公爵夫人，女侍长替她穿上便袍，剩下的人帮她将华美的便服穿戴整齐。除了这个仪式，新郎新娘换衣服的时间比我们那里短得多。大公夫人换装完毕，女皇便走进大公的房间，我们跟着大公夫人进去。他穿得和新娘差不多，但也不完全配套。他们跪在女皇面前，接受她的赐福。女皇轻轻地拥抱了他们，最后由我们几位女眷留下来安排他们上床睡觉。我试图向她表达感激之情，可她总是一笑置之。"

1745 年 10 月 10 日，公爵夫人离开了俄国。告别之时，她跪请女皇原谅她犯下的过错。伊丽莎白冷冷地回道："现在说这些为时已晚，若你一直保持此刻的谦卑，也不会给大家造成这么多麻烦。"但公爵夫人在自己的书信中描写这一刻时，却只提到女皇十分不舍，两人相对泣下。宫廷中的眼泪只不过是逢场作戏。尽管公爵夫人的政途已断，但在书信中却一直未失她的外交风度。到达里加时，伊丽莎白的一封信给她带来一份突如其来的噩耗，命令她到柏林后要求德意志宫廷立刻召回玛德菲尔特。这无疑毁灭了腓特烈的所有希望，她曾竭尽全力支持的希望。公爵夫人已经成功地让自己女儿成为俄国的大公夫人，但在其他方面尽管她绞尽脑汁，还是彻底失败了。

这位不安分的母亲要走了，叶卡捷琳娜泪眼汪汪，这可不只是逢场作戏的眼泪。毕竟这是她的母亲，虽然她拥有了辉煌人生，也几乎不听母亲的建议，但这份感情是无可置疑的。母亲离开后，她多少都会觉得失落，正是从这一刻起，孤独唤醒了内心那个强大的自己。

第三章　叶卡捷琳娜的第二次教育

1

虽然叶卡捷琳娜比较早熟，但她终究还是个孩子。虽然她拥有东正教姓名和正式头衔，但她只不过是由于命运的偶然而被带来俄国的陌生人，或许她将获得很高的地位，但稳居高位从来不是件容易的事。有时她很想忘记这件事，并且真的会忘记片刻，可总有一些人会突然打破这片刻的宁静。她需要时刻保持得体的举止，正因如此所有人都十分认可她，似乎达到结婚的目的之后，她就放松了这方面的要求。1746年5月11日，也就是婚后九个月不到，女皇签署了两份文件，以规范大公和大公夫人的行为举止为由，给他们各自安排了一名管家和一名女侍长作为指导教师。表面上是增加了两名公职人员，其实是派去教导和监视夫妻二人的。而这两份文件的策划人不是别人，正是别斯图热夫。不过，如果没有别的证词，我们也不应全然相信这位大臣的一面之词。

然而在叶卡捷琳娜的回忆录中，她几乎用了和别斯图热夫一模一样的话来描述那段时期自己和丈夫的行为举止，她自己的记录甚至比别斯图热夫更坦诚。别斯图热夫的报告中写道，管家的职责就是纠正大公的某些不良习惯，比如吃饭时把酒泼到仆人身上，毫不客气地拿身边的人甚至是来访的陌生人开玩笑，还在公共场合扮怪相。回忆录中写道："大公用来打发时间的消遣都表现出与他年纪毫不相符的幼稚……他的房间里有一个小型剧场，这简直是世界上最愚蠢的东西了……他成天由贴身男仆陪着消磨时间……他把自己的侍从队伍武装起来，不论是仆人、管猎犬的人还是园丁，肩上都扛着步枪……房间的走廊被设为警卫室……大公不满我笃信宗教，但除我之外他也没人可以倾诉，只好停止抱怨。当他知道我周五还要斋戒时，又抱怨得更凶了。"在别斯图热夫和叶卡捷琳娜的叙述中都可以看出这个孩子缺乏教养，举止粗野，实在是劣迹斑斑。

　　再看看叶卡捷琳娜的表现。别斯图热夫对她的控诉主要包含三个方面：对东正教缺乏热情，干预俄国和荷尔斯泰因公国的政事以及与贵族子弟、皇室侍从甚至男仆过分亲昵。显然最后一点是最严重的。她在自己的回忆录中对此有过详述，至少清楚地解释了她和车尔尼雪夫三兄弟的亲密关系。这三位年轻人身材皆高大匀称，倍受大公垂青。其中年长的安德烈尤为出色，最受彼得青睐，很快也得到了叶卡捷琳娜的喜爱。她亲昵地称他为"我的亲儿子"，而他也称她为"亲妈妈"。彼得不仅容忍他们这种亲密,还很鼓励他们这么做,甚至忘记了最基本的礼节要求。彼得什么事都爱走极端,根本不在乎自己或周围人的行为检点不检点。在叶卡捷琳娜还只是订婚的时候,安德烈就提醒过彼得她注定会成为俄国的大公夫人,而不会是车尔尼雪夫夫人。彼得觉得这番话很有意思,此后竟笑称安德烈是叶卡捷琳娜的"未婚夫"。叶卡捷琳娜的一名侍者蒂莫菲·耶夫雷莫夫告诫她这样做很危险,而她却假装天真无知。蒂莫菲也提醒了安德烈,他则听从建议"病了"一段时间。以上是 1746 年谢肉节[1]期间的事。到了 4 月,宫廷照例由冬宫[2]搬到夏宫[3],安德烈才再次露面。他进了叶卡捷琳娜的卧室,叶卡捷琳娜命人将路拦住,但却没有关门。她将门半敞着,和安德烈兴致勃勃地谈天说地。突然德维埃尔伯爵进来了,他是后来七年战争[4]的英雄人物之一,当时在宫里任职。他来通知叶卡捷琳娜说大公召见她。第二天,车尔尼雪夫兄弟都被送出宫了,同日,负责教导叶卡捷琳娜的女侍长也来了,这个巧合不可小觑。因为女皇的行动并没有就此止步,她将大公夫妇逼至一种接近隐退的生活,指派西蒙主教审讯他们与车尔尼雪夫兄弟的关系。而这

1　从俄罗斯多神教时期就流传下来的传统俄罗斯节日。后来由于俄罗斯民众开始信奉东正教,该节日与基督教四旬斋之前的狂欢节发生了联系,开始日期大约在每年的 2 月底、3 月初。
2　坐落在圣彼得堡宫殿广场上,原为俄罗斯帝国沙皇的皇宫。
3　夏宫坐落在圣彼得堡以西 29 千米外,历代俄国沙皇的郊外离宫。
4　1756—1763 年间,由欧洲主要国家组成的两大交战集团(英国与法国,以及普鲁士的侵略政策与奥地利和俄国的国际政治利益发生冲突)在欧洲、北美洲、印度等广大地域和海域进行的争夺殖民地和领土的战争。

兄弟三人也遭到逮捕，他们接受了类似的审讯，但是他们接受的审讯过程可就没那么温和了。然而最后没有一个人肯松口。即使安德烈锒铛入狱，叶卡捷琳娜还是找到了与他互通信件的办法。她写信给安德烈布置任务，安德烈就照信上说的做。

　　事实证明，他们不能再将一个已婚妇女、堂堂俄国大公夫人当作一个小女孩来对待了。叶卡捷琳娜被明令禁止与任何人直接私下通信，包括自己父母，她只能签署外交部专人为她代写的信件。就在那时，一位名叫萨克洛摩佐的意大利人来到了圣彼得堡，他是一名马耳他骑士 [1]。俄国已经很久没有出现过马耳他骑士了，于是他受邀参加了数不清的宫廷和私人宴会。一次，他在亲吻大公夫人的手时，趁机往她手里塞了一张纸条说道："是您母亲的。"为了不让别人察觉，他话说得很轻，同时还秘密交代了一位负责回信的人，名叫奥罗里奥，是他的老乡，就在大公的管弦乐队中。叶卡捷琳娜娴熟地将纸条藏进了手套里，可见这种事不是第一次发生了。萨克洛摩佐并没有骗她，字条确实是她母亲所写。写完回信后，从不爱听音乐的她第一次密切关注起大公的乐团来。收信人见她来了，故意将背心口袋里的手帕扔出来，这样就方便对方往口袋里塞纸条。叶卡捷琳娜经过时迅速将字条投进了这个"邮箱"，通信就这么悄悄开始了。萨克洛摩佐在圣

1　马耳他骑士团是最为古老的天主教修道骑士会之一，历史上著名的三大骑士团之一。

彼得堡期间，通信一直进行着。女皇和政治家们什么把柄也没抓到，因为他们太过忽略了这群年轻人的力量和智慧。

2

叶卡捷琳娜在俄国接受了长达数年的启蒙，我们不妨粗略考察一下她身处的环境。18世纪的俄国就如同一座门面光鲜的建筑，彼得一世按欧洲方式改造了俄国宫廷，他的继承者们竭尽所能地支持和发展着他的事业。不论是在圣彼得堡还是在莫斯科，伊丽莎白女皇过着奢华富足的生活，这和其他文明国家的情况一样。她的宫里有数不清的套房，有些墙上贴着巨大的镜子，地上铺着镶木地板，天花板上绘有大艺术家的作品。每逢宴会，群臣毕至，华服上镶金戴钻。女士们则赶着最新的潮流，头发扑了香粉，脸颊点着胭脂，嘴角两边还点了痣，甚是迷人。而伊丽莎白的随从，其人数之众多、服装之华丽在整个欧洲都是无与伦比的。有些现代俄国作家称，彼得霍夫[1]的富丽堂皇远超凡尔赛宫。对此说法暂不评断，我们需要更细致地考察辉煌背后的一些细节。

首先，俄宫的辉煌之中潜藏着一些极不稳定的因素，大大削弱了其价值。女皇的宫殿几乎都是木头建的，很容易着火。宫里也发生过几次火灾，所有财物、家具和艺术品都化为灰烬。灾后重建从来都是匆匆忙忙的，从未考虑建筑的经久耐用性。在莫斯科，叶卡捷琳娜曾眼睁睁地看着方圆三公里半的宫殿在大火中燃烧了三个小时。伊丽莎白女皇命令工

1　"彼得霍夫"（Peterhof）即夏宫（Petrodvorets）。

匠在六周之内将其重建，于是六周之后新的宫殿落成了。显而易见，这样的建筑是根本不合格的，大门关不上，窗子漏风，通风管还在冒烟。灾后叶卡捷琳娜搬进了主教官，在她居住期间此地着了三次火。

其次，这种表面威风的建筑一点也不舒适方便。宫殿里到处都是豪华的接待室以及专设舞会和晚宴的大厅，只有几间小房间能住人，不是没有灯，就是不透气。在圣彼得堡时，叶卡捷琳娜住在夏宫的一侧，一面正对着当时还是一潭臭水的运河，另一面是一个小广场。而在莫斯科情况则更加糟糕，叶卡捷琳娜写道："我们被安顿在秋天建成的侧宫里，是木质建筑，天花板漏水，所有房间都潮得不像话。侧宫里有两排厢房，每排有五六间房，临街的是我的，其余的是大公的。我所有的侍女都住在我的更衣室里，一间房挤了十七个人，这个套件有三扇巨大的窗户，可只有唯一一扇门在我房间，他们每次进进出出都要经过我的房间……此外，我其中一间前厅也作为他们的餐厅。"另一种方便她与外界交流的方式是以一块木板作为梯子，可以从窗口通到地面。叶卡捷琳娜有时想起她在斯特丁钟楼上的简朴住宅会不禁感慨，或是想起叔叔在采尔布斯特的城堡会忍不住叹气，又或是想起在汉堡的祖母家，那是 16 世纪建成的老房子，看着笨拙但却坚固宽敞。综上，俄宫确实与凡尔赛宫截然不同。

伊丽莎白的宫殿不仅建筑有缺陷，内部陈设也很粗劣。当时他们还没有形成一所宫殿有一套固定家具的习惯，而是家具会随主人的迁移而迁移，这大概是东方游牧民族在此遗留下来的一种生存方式。因此官里的帘子、地毯、镜子、床铺、桌椅以及奢侈品和必需品，常常在冬宫和夏宫之间搬来搬去，有时是在圣彼得堡和莫斯科之间搬来搬去，有些东西在路上就损坏或丢失了。这就形成了俄宫豪华和简陋并存的奇特风格。人们用黄金餐具吃饭，可吃饭的桌子却缺了一条腿。宫里众多摆设都出自英国或法国大师之手，但一件好用的家具都没有。叶卡捷琳娜在莫斯科居住期间几乎连一件家具都没有，就算是女皇，居住条件也没有好到哪儿去，但她每天在用的杯子，是命人从君士坦丁堡带回来的，价值八千杜卡特[1]。

当权者默认这种外在的无序，即使盛况再空前，皇室的尊严也早已被其抛诸脑后。叶卡捷琳娜在回忆录中说到一件事正巧反映了这些情况。在别斯图热夫介入夫妻两人的生活之前，彼得犯过一个错误，这位大臣正好有了正当借口来严肃处理，并且因此得到了女皇的首肯。大公设小型剧院的那个房间，有一扇门和女皇的会客厅相通，但在这对年轻夫妻搬进来之后，这扇门就封死了。这间会客厅专设私人宴会，餐桌都是提前摆设好的，所以吃饭的时候仆人不必在一旁服侍。一天，彼得听到隔壁传来一阵说话和碰杯声，于是他在门上钻了个洞偷看，看见了女皇和猎骑兵长官拉祖莫夫斯基，他当时是女皇的宠臣，身穿睡袍坐在女皇身边，还有另

1　意大利威尼斯铸造的金币。

外十二名大臣也在场。彼得被
这一幕逗乐了，觉得自己一个
人看不过瘾，就叫叶卡捷琳娜
也来看，但她拒绝了，还警告
丈夫这么做不合适，若再不停
止就会有危险。彼得没有理睬
她，便把叶卡捷琳娜的侍女们
带来，让她们站在凳子上，这
样看得更清楚，还安排她们像
在圆形剧场一样落座，实在是
让叶卡捷琳娜也跟着蒙羞。不

伊丽莎白身着军装骑马

久事迹败露，女皇大怒，训斥大公的时候甚至提起了彼得一
世那不像话的儿子阿列克谢，这是在警告他，他肩膀上的脑
袋一点也不比阿列克谢结实。

从这次事件中，如果叶卡捷琳娜没有吸取到一点点道德
上的教训，至少也能学到些许实用的智慧，日后她若坐在身
穿睡袍的宠臣中间，一定设法不让别人从钥匙孔中偷看她。
此外，她还从伊丽莎白身上得到一些别的启示。就在公爵夫
人离开后不久，宫里举行了一年一度的国庆典礼[1]。女皇在冬
宫大厅宴请了三百三十位将士，他们曾在这个日子拥戴伊丽
莎白夺取政权。她身着上尉制服，脚蹬皮靴，腰悬军刀，帽
插白翎，坐在她的"战友"中间，宫里的达官显赫则坐在隔

1　为纪念彼得大帝之女继承皇位，每一年都会举办隆重的典礼。

壁大厅。叶卡捷琳娜正是在年轻时见识过这种场面，所以后来的她也学会在必要时刻优雅地穿上军装，以同样的方式获得这些人的拥戴。

大公平日总忙于自己的娱乐爱好，有时他也会突然回到叶卡捷琳娜身边，但这对叶卡捷琳娜而言并不是人生中最美好的时光。彼得打算在郊外行宫旁建一所专门用于休闲娱乐的房子，一整个冬天他就只知道谈论建房子的事。叶卡捷琳娜为了取悦他，不得不反复替他修改图纸。然而这还不是对她最严酷的考验。最可怕的是大公只要在家，就会有一群猎狗相伴，整个屋子都是一股臭味。女皇禁止他养狗，他就把狗藏在卧室里，于是夜晚对于叶卡捷琳娜来说就是一场噩梦。白天，这群遭到鞭打的狗不停地狂吠，好不容易狗安静下来的时候，彼得又开始拉着小提琴在房子里走来走去，叶卡捷琳娜简直一刻也不得安生。彼得天生喜欢吵吵闹闹，而且很小就学会喝酒，从1753年起几乎日不离酒。伊丽莎白对他虽心存不满，但碍于某些原因无法对其施压。大公时不时还是会去小型剧院，有一次，叶卡捷琳娜发现他正穿着军装马靴站在房间中央，举着一支长剑挑着一只悬在半空的老鼠，因为这只倒霉的老鼠吞了他一个面团做的哨兵，因此被判了"死刑"。

即使叶卡捷琳娜正当青春，也不堪这般折磨，所幸她还有一些爱好能让自己从这个不幸的家庭中解脱。夏天，她待在奥拉宁鲍姆宫[1]，黎明即起，换上男装，在老仆人的陪同下出去打猎。她说："我们背着猎枪穿过花园，登上附近海边的一艘渔船，船上有我、老仆人、丹麦画家埃里克森的作品渔夫和一只狗。奥拉宁鲍姆运河两边长满了芦苇，我就开枪猎取芦苇丛中的野鸭。"除了打猎，叶卡捷琳娜

《骑马的叶卡捷琳娜二世》

另一个外出的借口就是骑马，伊丽莎白自己也是马术爱好者，但她却觉得有必要限制一下叶卡捷琳娜对这项运动的爱好。叶卡捷琳娜心里大概有股男子气概，时常像个男人一样跨坐在马背上，伊丽莎白猜测这是她没有孩子的原因之一。后来叶卡捷琳娜给自己置备了一套马鞍，能让她以女性的姿态在马背上侧坐，一旦离开伊丽莎白的视线，她就马上换回自己喜欢的骑马姿势，为此她还准备了一条障眼的裙裤。叶卡捷琳娜还喜欢跳舞，一天傍晚，在女皇举办的舞会上，她与萨克森公使的夫人打赌，看谁先累倒，结果她赢了。

3

　　除上述娱乐，叶卡捷琳娜还饱读圣贤的作品来打发时间，

1　该宫殿以其直通芬兰湾的喷泉阶梯和园林内众多设计巧妙的喷泉而闻名，位于圣彼得堡以西12千米，由彼得大帝宠臣、圣彼得堡市长亚历山大·缅什科夫修建。

如皮埃尔·贝尔[1] 的《历史批判辞典》等。直到 1754 年，一件万众期待的事情打乱了她千篇一律的生活——她怀孕了。

这是怎么回事呢？也许这个问题问得有些奇怪，可在她一生中，没有什么事情比这个问题存在更多争议的了。关键在于她与大公结婚已经十年，而在这十年里，他们没有任何子嗣，且夫妻关系日益冷淡。俄版的《叶卡捷琳娜回忆录》附录中有一封大公在 1746 年写给她的信，信里说明了夫妻关系的彻底破裂。信的内容如下：

"夫人，

请您不必再来和我同睡了。

直至今天中午，我们已经分别两周。

一张床已经睡不下你我二人了。

您十分不幸的丈夫、您从不称他名字的彼得"

叶卡捷琳娜虽然受人监视，但平日还是有数不清的诱惑和追求者。她因私情而不断放松在道德上的要求，一位俄国历史学家说她"深陷其中无法自拔"。她自己也在回忆录中承认："我从不认为我是非常漂亮的，但我是讨人喜欢的，这是我的力量所在。"1749 年夏天，她被安排在乔格罗柯夫家的房子里度过了一段时间，她觉得生活及其苦闷。但拉祖莫夫斯基伯爵住在附近，他每天都乘马车来和叶卡捷琳娜见

---

1 1647—1706 年，法国早期启蒙思想家、怀疑主义哲学家和历史学家。

面，共进午餐或晚餐，再回家，一趟就有一百多里。二十年后，叶卡捷琳娜问起他，是什么促使他每天都不辞辛苦地来跟她一起用餐，因为他完全可以请到莫斯科最优秀的人去他家聚会。

"爱情。"他不假思索地答道。

"爱情？您爱的是谁呢？"

"爱您。"

叶卡捷琳娜大笑起来，她此前从未想过这回事。

当年，车尔尼雪夫兄弟中的扎哈尔·车尔尼雪夫回到了宫里，他发现叶卡捷琳娜出落得越发美丽动人，并直言不讳地向她表白心意，她听了以后很高兴。一次舞会上，人们按习俗交换"箴言"纸条，他趁机给了叶卡捷琳娜一张写满情话的纸条。她喜欢这种小把戏。车尔尼雪夫想乔装成仆人进入她的房间，她觉得这样做太危险了，于是他们继续交换"箴言"来通信。一部分信件后来被匿名出版了，信的内容足以证明车尔尼雪夫可以获得叶卡捷琳娜情人的称号。

车尔尼雪夫兄弟之后就是萨尔蒂科夫兄弟，萨尔蒂科夫家族是俄国最德高望重的世家之一，兄弟俩是大公的侍臣。哥哥相貌不够俊俏，叶卡捷琳娜认为他的智力与外表同拉祖莫夫斯基伯爵不相上下，但弟弟塞尔吉斯·萨尔蒂科夫却"像白昼一样美好"。1752 年他 26 岁，同马特廖娜·巴甫洛夫娜相爱结婚已有两年。而那时，叶卡捷琳娜却发觉萨尔蒂科夫在追求自己，因为她每天去拜访乔格罗柯夫夫人时，总能在那里碰到萨尔蒂科夫，叶卡捷琳娜怀疑他根本不是为了拜访女主人而来。可见叶卡捷琳娜在这方面也已经有了一些经验，不久萨尔蒂科夫就表明了自己的心意。萨尔蒂科夫不仅是宫里最英俊的人，还"足智多谋"。乔格罗柯夫夫人对叶卡捷琳娜的监管刚有所缓和，萨尔蒂科夫就试着分散乔格罗柯夫的注意力。由于乔格罗柯夫也爱慕着叶卡捷琳娜，萨尔蒂科夫就假装称赞他作诗很有天分，不停地给他出题，受宠若惊的乔格罗柯夫就天天待在角落里钻研诗歌。这样他就可以和叶卡捷琳娜无拘无束地见面了。

第一次表白的时候，叶卡捷琳娜没有作声，她当然不想一开始就打断对方继续吐露心声。到最后，她问萨尔蒂科夫想从自己这儿得到什么，他激情四溢地把自己在心中描绘过的幸福说给她听，于是叶卡捷琳娜问道："那您的妻子怎么办？"这种回复几乎是一种表白，想要将他们之间的隔阂降到最低。萨尔蒂科夫也没有退缩，坚决要将可怜的马特廖娜抛到一边，称这段婚姻是他曾经犯下的错误，如今他对马特廖娜早已没有感情。叶卡捷琳娜告诉萨尔蒂科夫，他没有出现在对的时间，并尽了最大努力劝他放弃追求。"可您怎么知道呢？我的心已经为您沦陷。"这个回答难以令人释怀。叶卡捷琳娜承认，她摆脱不了这位英俊的追求者的主要原因还是自己实在太喜欢他了。

乔格罗柯夫出去打猎了，萨尔蒂科夫对这个机会等待已久，他们两人有一个半小时单独相处。短暂相处之后，临别的场面很浪漫，叶卡捷琳娜在回忆录中对此有所描述。

萨尔蒂科夫上了马，一定要她承认："您是喜欢我的，对吗？"

"是的，是的，快走吧！"叶卡捷琳娜最终低声说道。

"好！一言为定！"他冲她喊道，然后蹬了一下马肚子。

叶卡捷琳娜想收回刚才不顾后果说的话，于是又冲他喊道："不是的！不是的！"

他远远地回头大喊："是的！是的！"

这次约会就这样结束了。显然，还有下一次。

不久，关于萨尔蒂科夫和大公夫人的流言蜚语四散开来，他被迫离开宫廷。女皇训斥了乔格罗柯夫一家办事不力，并给萨尔蒂科夫"放假"一个月，让他回乡下探亲。结果他病了，直到1753年才重新回到官里，回到叶卡捷琳娜身边那个隐秘的圈子里。这个圈子里几乎都是年轻男人，其中出自名门望族的列夫·纳里希金也在追求叶卡捷琳娜。后来，叶卡捷琳娜同乔格罗柯夫家的关系处得十分融洽，成功拉拢了她的监管人乔格罗柯夫夫人，还巧妙地利用了男主人的情感，使他对自己忠心耿耿。现在，不知萨尔蒂科夫是出于谨慎还是天性薄情，反倒矜持起来，叶卡捷琳娜忍不住抱怨他冷淡。但是女皇那边又有动作了，这场意料不到的干预给他们这段感情带来了新的转折。若不是叶卡捷琳娜自己在回忆录中证述，要解释这件事情真的很难了。

几天之内，萨尔蒂科夫受到别斯图热夫的传唤，叶卡捷琳娜则被乔格罗柯夫夫人找去谈话，双方都是代表女皇发言的，而两个年轻人从中得到了令人震惊的暗示。乔格罗柯夫夫人身负着作为一名指导老师的荣誉，向这位年轻的大公夫人解释说，有时对国家利益的考虑必须高于其他一切考虑，倘若丈夫在子嗣的问题上无法保证国家安宁，那么妻子忠于丈夫这样的考虑都应当以保障国家利益为前提。最后，她表示叶卡捷琳娜必须在萨尔蒂科夫和纳里希金当中选择一个交往，乔格罗柯夫夫人建议她选择后者。叶卡捷琳娜反对了。乔格罗柯夫夫人说："那好吧，就第一个。"叶卡捷琳娜保持沉默。另一边，别斯图热夫同萨尔蒂科夫也进行了相同的谈话。

后来，叶卡捷琳娜就怀孕了。意外流产两次之后，终于在 1754 年 9 月 20 日诞下一名男婴。孩子的父亲是谁？所有关于这个问题的资料都没有一个肯定的说法。按道理，不论在生理上和伦理上（尤其是伦理上），彼得都应是孩子的合法父亲。但当时几乎没有人承认这份血亲关系，倒是有很多其他说法。法国使者洛必达侯爵写道："他们说这个孩子是伊丽莎白女皇的，她把大公夫人的孩子抱过来了。"伊丽莎白女皇在大公夫人分娩时的所作所为的确助长了这种谣言，因为孩子刚出生没多久就被抱去受洗，之后女皇就命人将其抱走，直到六周以后，叶卡捷琳娜才再次见到自己的孩子。分娩那天只留下她和侍女两人待在一起，甚至连必要的护理都没有。产床安置在一扇门和两扇大窗之间，风刮得人十分难受。她一直在发汗，很想回到自己的床上去，侍女都不敢满足她，就连叶卡捷琳娜想喝水都不行。三个小时后，苏沃洛夫伯爵夫人过来给了她一些帮助，仅此而已，此后那天就再也没人来过，而大公当时还在隔壁和朋友聚会。孩子受洗完，女皇赏赐给叶卡捷琳娜十万卢布和一些珠宝，用金盘盛着，作为她受难的补偿。但这些珠宝并不值钱，叶卡捷琳娜甚至都不好意思赏给下人。不过这笔钱让她喜出望外，因为她已经债台高筑。但她高兴没多久，宫里的财政大臣就来向她要回这十万卢布。女皇再次命令拨出十万卢布，但国库里一戈比[1]也没有了。叶卡捷琳娜心知肚明，这不过是她丈夫的把戏。彼得认为自己也有权得到相同的奖赏，但却一无所获，而听说妻子得到了十万卢布之后便勃然大怒。为了安抚彼得，女皇再次命令国库也拨给他十万卢布，但是国库确实很紧张，她却以为一切只要自己签个名这么简单。六周之后，宫里举行盛会庆祝叶卡捷琳娜的"净身"，这一天女皇对她格外开恩，让她见了自己的儿子并且在典礼上全程抱着他。她太喜欢这孩子了。然而庆典之后，孩子又被抱走了。与此同时，她还听说萨尔蒂科夫被派往瑞典报告小公爵生出的消息。在当时，对一名像萨尔蒂科夫这样的高官来说，这可不是什么美差。即使不是传统上的惩罚，也算是一种

---

1 戈比和卢布都是俄罗斯货币单位，前者是辅币单位，后者是主币单位，情况就像中国的"分"与"元"。100 戈比 =1 卢布。

惩戒手段了。这样看来，这名年轻官员的出差实在是意味深长。

这个话题我们不再讨论，父权之争在此只是次要问题，萨尔蒂科夫和她第一个孩子有关是无可争辩的，她与萨尔蒂科夫、纳里希金、车尔尼雪夫甚至其他人的关系也都毋庸置疑。此外，她被剥夺了作为一位母亲的权利，还要遭受社会的质疑和皇权的暴力。她此刻所遭受的孤立和绝望比以往更甚，终日只能在空空的摇篮和婚床之间徘徊。

4

假使叶卡捷琳娜只是一个粗鄙又普通的女人，接下来一定会有新人代替萨尔蒂科夫，大公还会找到新的根据来斥责其不忠，这样的生活最多不过是给 18 世纪添了两笔很不起眼的历史。但是叶卡捷琳娜不是一般的女人，她不会成为琐碎情感和夫妻生活的牺牲品，后来她多次证明了这一点。在萨尔蒂科夫之后，她又有了新的情人，甚至可以说她无可挽回地成为近现代俄国最玩世不恭的君主，但是她从来不允许自己沉溺于此。她一方面纵情声色，不断寻求新的情人来满足自己不断增长的欲望；但另一方面她也不曾忘记自己的身份和志向。她不但没有分心，反而更加专注于自我提升，调整心性和心境以达到脑海中那个逐渐清晰的目标。

在这一时期，她更加专心致志地学习俄语和俄国文学，饱读身边一切俄文书。但是这些书的思想水平已经达不到她的要求了,除了两卷俄文版巴罗尼[1]的编年史[2]让她印象深刻之外,其他的她连书名都记不起来。但她从广泛的阅读中获得了一条信念,给她未来的统治打上了深深的烙印,甚至指导她续写了彼得大帝的辉煌,那就是必须向西方学习,使俄国在欧洲真正强大起来。

同时,她还钻研圣贤名著。尽管吉伦伯格伯爵曾给她推荐《罗马盛衰原因史》,但她没有读。她读孟德斯鸠《论法的精神》、塔西佗[3]的《编年史》和伏尔泰的《风俗论》[4]。塔西佗给她留下很深刻的印象,她发现自己身边很多人和事都和书里描述的内容惊人相似。虽然时代和环境不同,但她深深体会到人性中某些特质是不变的,人类必遵从的某些法则也是不变的。相似的人性、欲望以及政府模式,都在产生着与历史相似的结果。她学会将错综复杂、彼此联系的要素逐一分解,并能研究其内在机制以认识事物的真实价值。瑞典大使认为她具有冷静和仔细的哲学头脑,能够用一种抽象的、超然的、客观的方式来判断事件及其原因,和上述那位拉丁历史学家如出一辙,能以一名旁观者的角度进行超越人性的思考,从而得出不同寻常的观点。

但是,她个人还是最满意孟德斯鸠《论法的精神》。孟德斯鸠不局限于陈述事实,而是基于事实总结出理论思想。

---

1 罗马天主教历史学家。
2 《从基督诞生到1198年的宗教编年史》,1580—1593年出版。
3 约55—120年,是古代罗马最伟大的历史学家。
4 即《论各民族的精神与风俗》。

她如饥似渴地汲取着他所提供的现成模式，将其奉为每日祈祷书。她认为这本书应作为"每位具备常识的君主的祈祷书"。但这并不是说她完全读懂了这本书。在18世纪大部分时间里，欧洲人对孟德斯鸠的著作可能读得最多，但读懂得最少。大家都从他的书中汲取思想和理论，当然也包括叶卡捷琳娜，分别运用到自己的实践中，但真正领悟到其思想之精髓的人少之又少，更不用说能完全运用这些理论了。事实上，作者自己可能都没意识到，他的书激发了当时的人们对政治和社会制度的彻底失望，并由此引发了一场声势浩荡的大革命。他分析了人类社会存在的罪恶、权力的滥用以及他所预见的灾难。持续不断的利益冲突一直都是人类生活的一部分，甚至是生活的本质，而未来正是要用一种理想的、或许是无法实现的自然力量的平衡来取代这种残酷的斗争。

叶卡捷琳娜也未全然理解，但乐于认为自己同孟德斯鸠一样拥有"共和主义灵魂"，不过她说出这番话时并未过多思考这位伟大作者的深意，也未考虑过这对她自身意味着什么。她喜欢这种思想，正如当时大多数人一样；她也接受这种思想，就像接受当时流行的羽毛和花冠一样。她反对专制主义的滥用，认为在人的行为上需要以公共理性做出的决策来取代个人倾向，这些已经具备了模糊的自由主义观点。未来有一天，她将当着整个欧洲的面，在官方文件中提出大胆的革命思想，以此震惊整个世界。文件里的内容来自孟德斯鸠和贝卡里亚[1]，她不甚了解。当她逐渐在实践中理解了理论的真义后，自己都大吃一惊，但她继续以这种理性甚至自由的方式管理着国家。孟德斯鸠还是起了作用的。

叶卡捷琳娜天生善于思考、目光敏锐，很快就发现，在对专制制度的憎恶和对专制君主地位的渴望之间存在着明显的、不可避免的矛盾。这一既定事实对她而言大概是不大痛快的，因为她对权力的渴望与日俱增。也正是因此，她日后还会同自己的哲学思想以及某些哲学家产生分歧。但也有人指出她的害怕根本没有道理，这个人就是大哲学家伏尔泰。在管理国家时个人倾向无疑是一个错误，甚至是一种罪行。国家应当由理性治理，可在此之前也需要有人来做出表率。一旦开了先例，就会出现一种新的模式：专制政府可能是世界上最有效的政府，如果再加以理性，这确实会成为最好的统治方式。不过要达到这个目的，首先必须拥有一个文明的政府。撰写了《哲学辞典》的伏尔泰所有政治理论都是如此，这也解释了他为什么对这位北方的塞米勒米斯女王如此钦佩。叶卡捷琳娜受到伏尔泰哲学思想的启发，后来一直遵循着理性来统治，她本身就是理性的体现，这给俄国四千万人民指明了方向。

所以伏尔泰也成为叶卡捷琳娜最喜欢的作家。她将其视为自己的老师，是她道德和思想的最高统帅。伏尔泰教育她但不吓唬她，使自己的思想与她的想法相协调。同时，针对

1　1738—1794 年，意大利法学家。著有《论犯罪与刑罚》一书。

孟德斯鸠所提出的人性的弊端，他开出了一些行之有效的良方。孟德斯鸠是一位善于总结规律的伟大学者，要按他说的做，就必须推翻原有的一切制度从头开始。伏尔泰是一名天才的经验论者，一步一步排查人类机体的疮，然后治愈它。在这里抹点药膏，在那里轻微灼烧，手到病除。他头脑清晰，表述精准，智者之称实至名归。叶卡捷琳娜与大多数同时代人一样，对这位妙笔生花的"魔术师"推崇备至，不光迷恋他的优点，也迷恋他的缺点。可能叶卡捷琳娜对他的缺点迷恋更多，因为就算他没有在叶卡捷琳娜改信东正教时出谋划策，至少在她回忆起那种犹疑的心情时，伏尔泰积极开导了她，即使不能消除她心中的愧疚，但也打消了些许不安。并且在她违背了严格的宗教教义时，他总使她感到宽慰。对于一些过于自由甚至违反道义的行为，他常能头头是道地将其合理化。因此，伏尔泰很受世人欢迎，也受到叶卡捷琳娜的崇拜。当然，这位天才自有令人钦佩的高尚的一面。他支持人道主义思想，所以他笃信宗教宽容；他为人慷慨大方，当他给卡拉斯和西尔文[1]辩护时，整个欧洲都为他喝彩，叶卡捷琳娜所拥有的好的思想也是受此启发。

但是不论是伏尔泰、孟德斯鸠，还是塔西佗，叶卡捷琳娜从他们那儿获得的最重要的东西是她在处理重大政治问题和社会问题时展现出的智慧和灵巧，这是她通往最高宝座之

---

[1] 伏尔泰曾为卡拉斯、西尔文等新教徒受迫害案鸣冤，最终使他们恢复了名誉。

路的全方位准备。

同时，在与伟大思想的接触中，她自己的思想迅速成熟，她的实践能力也随之相应地发展。她有了新的习惯和情趣，这些都使她受益匪浅。她开始接触社会上的一些"老资历"，尽管这些人早年曾给她留下很深的阴影。她喜欢和一些年长女性交朋友，这些人在伊丽莎白女皇那儿不得意，但在叶卡捷琳娜这儿却有说不完的话，叶卡捷琳娜的俄语水平因此提高不少。她渴望了解社会，就从别人那儿打听宫墙内外的事。她还结识了不少的知己和盟友，将来有一天都将派上大用场。

以上就是叶卡捷琳娜所受的第二次教育。

Charpter II

第二部　权力之路

第一章　年轻的储君

1

诞下皇位继承人后，叶卡捷琳娜忍受着各种不公正的待遇，而且还发现孩子的出生使她降到了次要位置。她的地位看似很高，可这不过是场面上的表现。她不再是王朝计划中的必要条件了，当举国上下都在等待这场大事的时候，她曾是全世界的焦点，但现在她的使命已经完成了。

但不久之后，她逐渐适应了自己的角色，俄国以前从来没有哪个大公夫人能像她一样强大，以后可能也不会有第二个。从1755年直至1762年1月5日伊丽莎白女皇逝世这天，历史上没有任何记录说明为何这六年间彼得和叶卡捷琳娜被称为"年轻的储君"。这段时间，去往圣彼得堡的大使们一度不知该觐见谁，而有的人，诸如英国大使亨伯利·威廉姆斯就毫不犹豫地去见了这两个年轻人。

本书无法详述这个时期的每个事件，我们将聚焦于最突出的几件事，即叶卡捷琳娜干政、她同波尼亚托夫斯基的联系以及权倾一时的别斯图热夫倒台带来的重大危机。这第三个事件正是这位未来女皇在政治舞台上的第一次大获全胜。

是爱情将叶卡捷琳娜卷入政治，爱情和政治这两种完全不同的元素之间产生交集，仿佛是她注定的命运。通常这种交集总是给人带去不幸，而不知是由于她的技巧还是好运，这样的结合几乎次次都给她带来很好的结果。伊丽莎白女皇想将她永远局限在一个狭隘的生活圈里，但她后来插手了波兰事务，于是她第一次突破了这个圈子。其实她本对波兰事务没兴趣，直到遇见一个英俊的波兰人，她才打算干预这些事情的。

1755 年，一名新就任的英国大使来到圣彼得堡，1742年英国与俄国签订了一份补充协议，将其纳为盟友。他此番前来就是希望续约，并确保俄国能在英、法交恶的时候为英国提供援助。英国前大使盖·狄更斯没有能力完成这个任务，伊丽莎白女皇的宫廷对他而言太过喧嚣，他无法适应这种在舞会或戏剧上解决国家问题的做法。因此英国重新任命了一名能够应付这些问题的大使，这就是亨伯利·威廉姆斯男爵。他是罗伯特·沃波尔的好友，受过正规训练。哪里有宴会，哪里就有他。但在俄国，他极力讨好女皇，女皇很开心，不过仍然没有取得任何政治成果。每每他想要积极展开谈判，女皇总是避开这个问题。他每次去女皇所在的地方时，女皇都已经先行离开，找到的不是舞者，就是司酒。经过几个月的周旋，他深信无法同伊丽莎白谈判，便将突破口转向他处。他对当下感到绝望，于是就想到了未来。而年轻的储君就是这个未来。

然而，他在未来沙皇这儿再次碰壁。一开始他觉得自己只不过像以前一样浪费时间罢了。但他到底是个有洞察力的人，最终将目光锁定叶卡捷琳娜。他听说过美男子萨尔蒂科夫和车尔尼雪夫的故事，他也试图沿着这条罗曼蒂克的道路探索。叶卡捷琳娜亲切接见了他，和他无所不谈，甚至谈论了一些伊丽莎白不愿谈及的问题。但整个过程中，叶卡捷琳娜的目光总是望向别处，他顺着目光看到一名年轻男子，他心中立即有了盘算。他把这名年轻人叫去自己的房间谈话。年轻男子名叫波尼亚托夫斯基[1]。

威廉姆斯来俄罗斯之前，曾在萨克森宫廷任职数年，在那儿结识了波尼亚托夫斯基，他是一名新贵之子，他的舅舅们在波兰是很有名望的贵族——恰尔托雷斯基兄弟。威廉姆斯和他成了朋友，答应将他带去圣彼得堡见识见识。正巧恰尔托雷斯基家族想借机派波尼亚托夫斯基在俄国活动，以保全家族和国家的利益。波兰刚推行了新政，向宿敌俄国妥协并交好，与传统盟友尤其是法国决裂。他们背向西方，将目光转向北方，想要为他们驾驶着的这条风雨飘摇、千疮百孔的小船寻求一处避风港。而这个目标同威廉姆斯此番出使的

1　即后来的波兰国王奥古斯都·斯坦尼斯瓦夫二世（原称斯坦尼斯瓦夫·安东尼·波尼亚托夫斯基伯爵；1732—1798），波兰立陶宛联邦末代国王。

目标不谋而合。

波尼亚托夫斯基时年 22 岁，生了一张讨人喜欢的脸，就容貌而言无法与萨尔蒂科夫匹敌，但他是人们心中的完美绅士。他学识丰富，举止文雅，有留学经历，对哲学也有粗浅的了解，可谓绅士中的典范，是由内至外真正吸引叶卡捷琳娜注意力的第一人。叶卡捷琳娜向往伏尔泰和塞维涅夫人[1]笔下描绘的精神世界和波兰情怀，这些在波尼亚托夫斯基身上都得以生动体现。他曾游历巴黎，巴黎上流社会是全欧洲最富有贵族气质的地方，而他正是这里的一员。他身上散发着巴黎上流社会独有的优与劣。他总是能就抽象的问题谈笑风生，也懂得如何巧妙地开玩笑。他写得一手好情书，还能将普通的字句谱成一首美妙的情歌。他善于体会女性心中的柔情，脑子里有一大堆浪漫想法，因此他时而具有一种冒险精神和英雄气息。但在华丽表象之下，又隐藏了一颗冷漠、利己和愤世嫉俗的心。总之，他的一切，甚至是他的轻浮都深深吸引着叶卡捷琳娜。

在波尼亚托夫斯基的自白中，他说道："我接受了严格的教育，远离一切堕落之源。在旅行中，我开始渴望跻身所谓的上流社会，尤其是巴黎的上流社会。不论在法国、波兰还是俄国，我从未在我所接触的圈子中发生过任何一段感情，仿佛冥冥之中是为她而保留了我的一切，她改变了我整个命运。"

1　1626—1696 年，法国书信作家，代表作《书简集》。

这次依然是别斯图热夫鼓励了这位年轻人，但波尼亚托夫斯基不放心。他听过一些不好的传言，那些曾经取悦了女皇和大公夫人的男子几乎都没落得好下场。别斯图热夫找来纳里希金，他总是愿意为他人效劳的，于是他把自己所知的一切方法毫无保留地告诉了波尼亚托夫斯基。但最后大概还是叶卡捷琳娜自己冲破了波尼亚托夫斯基内心的防线。即使没有其他闪光点，凭她的美貌就足够俘获他了。波尼亚托夫斯基后来写道：

"她25岁，刚从第一次分娩中恢复过来，而像她这样本就貌美如花的女人，在这一刻更是无与伦比的美丽。她有着一头乌黑的秀发、长而浓密的睫毛和精致的希腊型鼻子，一双唇总让人情不自禁地想吻上去。她身姿曼妙，四肢纤长，举手投足间尽显贵族气息。声音优美，笑声明快，一如她幽默的性格。正因为有这样的性格，她驾驭得了各种运动，忍受得了最幼稚的活动，还钻研得了最枯燥的数学。"

他说："看着她，我常常忘记了还有一个西伯利亚。"很快，大公夫人身边人的亲眼所见证实了流传已久的谣言。波尼亚托夫斯基的朋友瑞典人霍恩伯爵来圣彼得堡待过一段时日，他同叶卡捷琳娜有私交。一天，他去大公夫人处拜访，她养的波伦亚犬突然开始狂吠。它冲所有人都是这副德性，除了波尼亚托夫斯基。他来的时候它总是乖乖地迎上来。

霍恩伯爵将波尼亚托夫斯基拉到一旁，说："我的朋友，没有什么比波伦亚犬还厉害的了。我有了爱人，第一件事就是要送她一只波伦亚犬。这样，从这只狗我就可以判断出我是否有其他情敌。"

萨尔蒂科夫从瑞典回到俄国，马上就得知他已经有了"接班人"，不过他丝毫没有嫉妒。如果说叶卡捷琳娜后来对情人不够专一，那一定是先前几位情人给她树立了这种榜样。在波尼亚托夫斯基出现之前，萨尔蒂科夫曾在几次约会中傲慢地缺席。甚至有一次，叶卡捷琳娜苦苦等到半夜三点都没见到人影。

此后，英国大使威廉姆斯便掌握了一件影响大公夫人的有力武器。但这不是他唯一的手段，因为他发现叶卡捷琳娜还有财务困难。在这方面，伊丽莎白女皇的劝告徒劳无益，尽管叶卡捷琳娜喜欢井井有条，略有小资产阶级的节约习性，但她这一生花钱也称得上是大手大脚。首先她爱好奢华，其次德意志人固有的金钱观根植在她脑中，并且在新环境的经历也让她明白了一些开支的效用，所以她一生都坚信"小费"是必要且万能的。因此，她欣然接受了威廉姆斯的帮助，具体借了多少无从得知，但肯定不是一笔小数目。威廉姆斯身上有英国政府开具的空白支票。大公夫人则有两张收据，共计五万卢布，日期分别是 1756 年 7 月 21 日和 1756 年 11 月 11 日。但 7 月这次贷款并非第一次，因为叶卡捷琳娜在向威廉姆斯借款时曾写信给他的银行家说："真的很不好意思，这次又向您开口。"

看起来，英国大使从中收益颇丰。另外，叶卡捷琳娜与别斯图热夫之间的和解似乎也成了好兆头。

2

别斯图热夫战胜了一个又一个政敌，但在他倾其所有争取胜利的同时已经耗尽精力。他老了，新仇旧恨使他感到力不从心。曾经他多次妄图越权，如今他受到的只有伊丽莎白的冷眼。后来伊丽莎白中风了，别斯图热夫开始深思熟虑起来，但他和威廉姆斯一样，对未来的皇帝彼得大公深感失望。他失望不是因为害怕自己以后得不到他的偏重，毕竟要成为彼得的宠臣是一件轻而易举的事情，只不过彼得毫无前途可言，根本给不了别斯图热夫想要的。如果说蠢笨的彼得对政治尚有一些关心，那一定是对腓特烈的崇拜，他就是个彻头彻尾的普鲁士人，但别斯图热夫则是彻头彻尾的奥地利人。好在还有一个叶卡捷琳娜，从1754年开始，别斯图热夫心中一直有一个想法，就是同她和解。

和解过程相当顺利。

不久，叶卡捷琳娜发现身边监视她的人态度都有了很大变化。她的贴身侍女符拉迪斯拉沃娃原先简直就像凶恶的刻耳柏洛斯[1]，可在别斯图热夫同她谈过话之后，就成了一只温顺的羊羔。别斯图热夫还与叶卡捷琳娜的母亲采尔布斯特公爵夫人讲和了，出人意料地成了母女二人私下通信的中间人，曾经母女二人被禁止通信还是他的授意。最后，他决定跨出

1　在希腊语中字面意思为"黑暗中的恶魔"，是希腊神话中的地狱看门犬，有三个头。

更大胆的一步——通过波尼亚托夫斯基将一份国家机密文件交给了叶卡捷琳娜。别斯图热夫这一次可谓是破釜沉舟。但他为叶卡捷琳娜描绘了一幅宏大蓝图，助长了她的野心；他为叶卡捷琳娜指明了一条征服俄国的道路，成功的关键在于皇位继承。他建议在伊丽莎白女皇驾崩之后立即宣布彼得同叶卡捷琳娜一同即位，她应当分享丈夫的全部政权。别斯图热夫自然没有忘了自己，叶卡捷琳娜和彼得二人有的是他作为臣民无法拥有的地位，但夫妻二人的实权都将归在他的手里。此时叶卡捷琳娜表现得很有分寸，没有马上反对他的计划，但给了一些保留意见，称她不相信这个计划能成功。大概这只老狐狸自己也没有多大信心，他将计划重新整改后提交给叶卡捷琳娜，讨论过后再作修改，似乎在这项工作中倾尽心血。当事双方都各怀心思，不过他们在其他条款上很快便达成了一致。

因此，叶卡捷琳娜受到威廉姆斯和别斯图热夫两方的敦促，开始她只是被逼无奈，后来她便不再抗拒。她一度过于谨慎而想要退缩，这很正常。起初行动时她难免会缩手缩脚，后来渐渐放开胆子，直到离悬崖只有一步之差。别斯图热夫和威廉姆斯成为盟友，一致认同要将他俩一手捧起的大公夫人宣传到更多国家。别斯图热夫孤注一掷，心念着有朝一日能赢回所有赌注。威廉姆斯也开始不顾一切，成日胡思乱想，按一己之见行事，即使捅了篓子也不愿承认自己的失败，是一个相当大言不惭的英国人。1755 年 8 月，在他的努力之下，俄国同意继续俄、英之间的协约。威廉姆斯拉拢了别斯图热夫，攻克了伊丽莎白女皇，还通过波尼亚托夫斯基钓住了叶卡捷琳娜。他仿佛已经看到几十万俄军奔赴战场，让大英的敌人法国和普鲁士闻风丧胆。他突然获悉普鲁士和英国签订了《威斯敏斯特条约》（1756 年 1 月 5 日），成为盟友。他一点也不惊讶，这样一来俄国就只需同一个敌人作战，他们则可以少跑一点路，在莱茵河畔而不是在施普雷河[1]畔吹响胜利的号角。与此同时，威廉姆斯主动听命于腓特烈。从 1750 年开始，腓特烈就无法在圣彼得堡设置外使，威廉姆斯便提出为他效劳。他通过一个在柏林的同事，频繁向他的普鲁士国王写信汇报俄国的进展。伊丽莎白听说了英国和普鲁士达成协议一事，起初她是反对同英国续约的，但在 1756 年 2 月 26 日，她签署了《俄英条约》，并且附加了一个条款，就是该条约只在普鲁士攻打英国时才能生效。女皇摆明了就是不想签字，顺便捉弄一下英国和普鲁士。不过威廉姆斯没有惊慌失措。欧洲政治最终很可能滑向分裂，在敌我关系瞬息万变的局势中，威廉姆斯始终坚持自己的计划，一定要将俄国拉入英国的阵营抵挡一切外敌。他对法国的仇恨蒙蔽了他的双眼，尽管 1756 年 5 月 1 日签订了《凡尔赛条约》[2]，列强之间和各种利益重新组合，法国不再是俄国的敌人，并且还将成为战友，但他没有看到这一点，或者说他

1　德意志哈弗尔河左支流。
2　奥地利与法国国王路易十五签订相互保证的第一次《凡尔赛条约》，并形成法奥俄同盟。

根本不想看到这一点。正在这时，他想到了利用自己与大公夫人的关系。执迷不悟的威廉姆斯让腓特烈相信了叶卡捷琳娜有能力并且有意向阻止俄军的行动，就算伊丽莎白已经将军队派出去了，至少叶卡捷琳娜还能让其无所作为。等腓特烈认识到这个谎言时为时已晚，阿普拉克辛[1]已经拿下梅梅尔，1759 年 8 月在大恩策斯多夫大溃德军。连续两年，威廉姆斯一面称叶卡捷琳娜为"亲爱的朋友"，一面跟普鲁士国王传递消息，谎称消息来自叶卡捷琳娜，这无异于泄露国家机密，威廉姆斯的间谍行为硬是转嫁到了叶卡捷琳娜身上。

很难断定叶卡捷琳娜在她生平最紧迫的这段时期究竟扮演着什么身份。可以肯定的是，威廉姆斯欺骗了腓特烈，也欺骗了自己，他甚至还假造过一封叶卡捷琳娜写的信。毫无疑问，由于威廉姆斯的殷勤和波尼亚托夫斯基的追求，叶卡捷琳娜不会对这场严重的危机漠不关心。银行家根据威廉姆斯的要求继续发出借款收据，叶卡捷琳娜百口莫辩。另外，叶卡捷琳娜还要时刻留意别斯图热夫的进展。腓特烈没能收买别斯图热夫，他可是俄、奥联盟的坚定拥护者。维也纳和法国认为波尼亚托夫斯基是他们在圣彼得堡的劲敌，不论付出多大代价都必须除掉他。波尼亚托夫斯基不是官员政要，因此看起来很好对付，但是他们所有的尝试都遇到一个意想不到的障碍：爱情。

---

[1] 斯捷潘·费多罗维奇·阿普拉克辛，同其父费多尔·马特维耶维奇·阿普拉克辛一样是俄国陆军元帅。

与其说威廉姆斯是英国使臣，不如说他在为普鲁士办事。他在 1757 年 10 月离开了俄国，波尼亚托夫斯基留了下来。过去，女皇严令禁止叶卡捷琳娜干政，但现在她已经成为政坛一员。她的政坛首秀可以说并不成功。她拒绝承认自己利用新近获得的影响力来谋取个人利益，但那些保卫俄国利益的人则认为她的行为在某种程度上对俄国不利。叶卡捷琳娜因为爱情而卷入政治，又因为爱情而坚持站在政治舞台上。这一时期是她生命中最关键的一个篇章，我们必须仔细地谈一谈。

3

波尼亚托夫斯基轻而易举就博得了叶卡捷琳娜的青睐。他喜欢嘲笑波兰国王及其大臣，这间接表明他对腓特烈的尊敬，于是他又得到彼得大公的好感。但是他在圣彼得堡就没有其他进展了。伊丽莎白女皇不喜欢他，似乎准备答应萨克森国王[1] 召他回去的要求。但波尼亚托夫斯基自称是英国大使馆的官员，可他既不是英国人也不是外交官，何来的头衔？他的这种说辞苍白无力。欧洲大大小小的宫廷充满着来路不明的外交人物和所谓名流，圣彼得堡也不例外。后来法国人骑士迪昂[2] 到了俄国，波尼亚托夫斯基不得不回避一阵子。叶卡捷琳娜同意他离开，因为她坚信波尼亚托夫斯基还会回

1　17 世纪末 18 世纪初的萨克森选帝侯弗里德里希·奥古斯特被选为波兰国王，这样萨克森选帝侯就统治了萨克森地区和波兰，但宫殿还是在萨克森首府德累斯顿。
2　迪昂·德·鲍蒙，法国谍王。

来的。的确，他三个月后回到俄国，并且是以波兰大使的身份来的。这都是别斯图热夫为了取悦叶卡捷琳娜所做的安排。

现在的波尼亚托夫斯基有了底气，很快就替舅舅恰尔托雷斯基一家办起事来，当然都是对波兰国王不利的事。威廉姆斯是他的朋友，因此他还同时替普鲁士国王办事。叶卡捷琳娜支持他的行动，常在他给别斯图热夫的信中附上几句话。法国和奥地利大使对此心生不满。法国使者洛必达侯爵身边的道格拉斯一度认为应当与大公夫人和波尼亚托夫斯基讲和。犹豫了一段时间后，洛必达侯爵决定不在圣彼得堡针对波尼亚托夫斯基。就在此时，法国驻圣彼得堡大使洛必达侯爵和法国驻华沙大使德勃格利伯爵之间产生了激烈的矛盾，后者坚决要求波兰召回波尼亚托夫斯基。哎！法国内部的激烈矛盾白白断送了其在欧洲东部的影响力。

1757年9月，道格拉斯拜访华沙，同德勃格利伯爵进行了一系列的会谈，企图说服他，为了保卫法国在东欧的权益，必须彻底改变行动方针。《凡尔赛条约》使法、俄、奥站在同一条战线上，就必须切断同旧盟友土耳其以及波兰的联系。既然有了俄国这么强大的盟友，对这两个小国又有何惧。道格拉斯和洛必达侯爵都坚信，只有这样才有可能消除叶卡捷琳娜的敌意，还能得到波尼亚托夫斯基的支持，他在俄国开展着恰尔托雷斯基家族的亲俄计划，只要德勃格利伯爵站在俄国这边，波尼亚托夫斯基自然就会成为他的盟友。

但德勃格利伯爵根本不同意他们的观点。至于那些想给他指明方向的人，其实他们自己在很多问题上也看不清方向。法国主理外交事务的人不仅有路易十五背后那些知道一切内幕的匿名人士，还有皮埃尔神父、舒瓦瑟尔[1]等正式官员，他们反而想要调和一些最难以调和的矛盾。例如，改变制度但不改变原则，与俄国联盟对抗公敌但也与土耳其、波兰、瑞典等旧盟友保持联系，心里想着将来，行动却忠于过去。如果这两派人存在任何意见上的分歧，那也仅仅是限度和程度上的问题。一方面，他们将俄国看成无法与之达成任何协议的野蛮国家，甚至认为俄国应该归于亚洲；另一方面，他们又倾向于将这个由彼得大帝创造出来的强大帝国纳入自己的阵营，即便是一个不甚理想的盟友，也是一个有达成协议的可能性并且将来也是他们必须依靠的盟友。法国必须重视这个国家，可以适当让步，有必要的话甚至可以在维斯瓦河[2]做出让步，但两派都一致同意这种让步要有底线。至于德勃格利伯爵，他长期居住在波兰，已经将波兰利益同法国利益视为一体，更重要的是将其同波兰某个党派视为一体，这个党派正好反对俄国以及亲俄的恰尔托雷斯基家族。

10月，波兰国王向波兰大使秘密发出一封正式指令，召回波尼亚托夫斯基。洛必达侯爵向皮埃尔神父写道："波尼亚托夫斯基被召回了，但我们的行动必须继续……这件事来得太突然了，一定会引起别斯图热夫和大公夫妇的不

1　舒瓦瑟尔公爵是法国将领，政治家、外交官，法国国王路易十五时期的重臣。
2　又译"维斯杜拉河"，是波兰最长的河流，具有重要的军事地位。

满……我必须告诉您，德勃格利伯爵在这件事上太过积极，在他看来，反对波尼亚托夫斯基和恰尔托雷斯基家族是对自己党派应尽的义务。"总之，洛必达认为德勃格利"一贯目中无人，对同事太过傲慢，他就是一个外使，却每次都拿自己当外交官"。在同僚眼中，这位威风的外交官还开了不恰当的玩笑，因为他写信给迪昂说："您或许觉得我们召回波尼亚托夫斯基很奇怪，但请他火速回来，我很想见见他，以便祝贺他在对外谈判中取得的成功。"

不过，波尼亚托夫斯基没有离开。他假装卧病在床，周复一周，月复一月，迟迟未辞行。这时发生了一件改变欧洲战场局势的事情——罗斯巴赫战役[1]。战争之前，法国在波兰和俄国说话都是很有威信的，至少是受到尊重的，但是现在法国却不得不降低身份。

法国那边不再强制召回波尼亚托夫斯基。别斯图热夫提醒叶卡捷琳娜这是波兰国王的首相传达的命令。叶卡捷琳娜冷冷地说："看来波兰首相就算丢了饭碗也要使您高兴。"别斯图热夫则表明他必须捍卫自己的地位。叶卡捷琳娜说道："如果您能遵照我的吩咐，没有人敢动您。"从她这番话可见，法国的势头过去之后，俄国明显占了上风，叶卡捷琳娜也渐渐具备了未来女皇的风范。

事实证明她的判断是正确的。波兰国王的首相布吕尔确

---

1 罗斯巴赫会战是七年战争中普鲁士与法国神圣罗马帝国联军在 1757 年 11 月 5 日的战役，以普军大胜结束。此战被誉为是腓特烈大帝最辉煌的战绩，是 18 世纪欧洲经典战役之一。

实在取悦别斯图热夫，波尼亚托夫斯基收到诏命留守俄国，一切回到原轨。洛必达侯爵失去了影响力，无意再在这样的局势中挣扎。他也不想力挽狂澜，甚至都不愿尝试着挽回同大公夫妇的关系，在他眼里只能看到"一片充满暗礁的波涛汹涌的海面"。

对波尼亚托夫斯基及其同叶卡捷琳娜的关系，大公本人还没有发表过自己的看法。因为他当时正在同他人生中最后一个情妇伊丽莎白·沃伦佐娃谈恋爱。彼得像战时一样在奥拉宁鲍姆宫外设了一只骑兵巡逻队，1758 年的一个清晨，乔装的波尼亚托夫斯基从宫中走出来的时候，被其中一个哨兵抓住。巡逻队粗暴地将他押送至大公面前。这件事本身并没有令彼得不安，但他坚持要求波尼亚托夫斯基说出事情的原委。被捕者一言不发，令彼得大为恼火。最后他认定来者不善，坚称自己的生命安全受到威胁。波尼亚托夫斯基有一位同胞近日作为萨克森公爵查尔斯的侍从来到圣彼得堡，若这次不是因为这位同胞在场替他开脱，波尼亚托夫斯基就要为这次轻率的行动付出昂贵代价了。连续几日，大公一直在谈论如何处置这名鬼鬼祟祟地试图躲避哨兵的外国人。为此，叶卡捷琳娜吓坏了，竟然主动示好彼得的情妇伊丽莎白·沃伦佐娃。波尼亚托夫斯基也去奉承她，在一次宫廷会见中，他轻轻在她耳边说道："您只要稍稍开个口，所有人都能相安无事。"

伊丽莎白·沃伦佐娃答应了。同日，同大公聊完天后，她突然将波尼亚托夫斯基叫进来，彼得大喊："你是个傻子吗？！"后来他笑着对波尼亚托夫斯基解释说他不是嫉妒，只是为了保证自己的安全。波尼亚托夫斯基身为外交官，不忘对彼得的军事部署一番称赞，说他自己已亲身体会到其中的妙处。大公情绪好转，他说："既然都是朋友，那这里还缺一个人。"

波尼亚托夫斯基在回忆录中写着："他一面说着，一面走进妻子的房间，将她从床上拉下来，没来得及让她穿好鞋袜，就让她披着外套跟过来了。他指着我说'他就在这儿，您现在总该对我满意了吧'。"

于是几人愉快地用了晚餐，一直聚到凌晨四点才离开。伊丽莎白·沃伦佐娃被派去同别斯图热夫报告波尼亚托夫斯基的事情已经澄清了，并且大公没有任何不快。第二天，几人又聚在一起用餐，这段奇妙但愉快的四人聚会持续了好几个星期。

"我经常去奥拉宁鲍姆宫，傍晚从暗梯进入大公夫人的房间，大公和他的情妇也在。我们一起吃饭，然后大公带着情妇离开了，并对我们说'好了孩子们，你们现在不需要我了'。我留在那儿，想待多久就待多久。"波尼亚托夫斯基写道。

虽然人们对这种事情比较宽容，但宫里还是流言四起。洛必达侯爵重新站出来，想从中谋得些许好处。他再次提出将波尼亚托夫斯基召回。这一次他成功了，波尼亚托夫斯基只能离开。就连伊丽莎白女皇也知道，她的侄子、皇位的继承人此时名誉岌岌可危。两年后，德布列特男爵受命前往圣彼得堡，尽最大努力消除此次事件给叶卡捷琳娜造成的不良印象。他只成功了一半。他一方面代表着法国，但他另一方面又安慰大公夫人："我那虔诚的法国国王虽没有反对这件事，但派我前来是做波兰方面的工作，好让他官复原职。"他还说道："在不伤害大公夫人情感的前提下，避免满足她的希望。"

在这出闹剧中，法国这种两面派的做法相当具有表现力。但叶卡捷琳娜没有受骗。德布列特男爵好不容易有机会同大公夫人进行了一次私人谈话，叶卡捷琳娜十分激动地说："我从小接受的教育都让我热爱法国，我一向对法国人有好感。您所做的一切让我再次产生这样的感觉。"男爵在谈话结束之后写道："我希望能表达出大公夫人在此番谈话中表现出的激情和灵巧。"但他忧郁地补充道："但所有一切只能看出她只是在遇到挫折后，情绪过度激动。"波尼亚托夫斯基再回到圣彼得堡已是 35 年后，他失去了王位，这是后话。

他的判断并没有出错，波尼亚托夫斯基离开后，叶卡捷琳娜忙于其他事务，没有兴趣尝试新的感情。她心中一直燃烧着对法国的怨恨，而且一刻也没有停止对波尼亚托夫斯基的思念，心中期待着他的归来。有时她确实是个对感情忠诚的人，我们必须承认这是她性格的一个方面。她已经把政治与爱情混合在一起，所以在处理其他事务时也是在处理恋情。现在她对于感情更加专一，情人虽然换了又换，但真正爱过的始终就那几个，即使在心动的阶段过去之后依然保持着这份感情。有人说她与以往不同，在爱情中表现得更加冷静，可是却更加坚定。1763 年，已经成为女皇的叶卡捷琳娜给俄国驻华沙大使传旨，要求支持波尼亚托夫斯基作为波兰王位候选人，因为"他在圣彼得堡期间比波兰任何一名臣子都作出了更多贡献"。这显得她有些恬不知耻，甚至带有一番挖苦。不过在同一时期她想方设法为这个候选人还清所有债务则又证明了她既温情又不失远见。1764 年，人们纷纷揣测她和波兰王位候选人很可能就要结婚，两个国家即将合并。叶卡捷琳娜不得不采取措施安抚激动的"邻居们"。于是她给俄国驻君士坦丁堡大使奥波列斯柯夫写信，命令他将一个她自己捏造的新闻告知土耳其政府，说波尼亚托夫斯基要同波兰最有名望的家族联姻。时间和地点上的相隔使她对这份感情渐渐失去热情，但她的野心还让她坚守着这份感情，她也给她在波兰的代表凯塞林伯爵和列普宁公爵发出了相同的指令，让波尼亚托夫斯基继任后娶一个波兰女子，至少要对外表现出这种想法。这么做是为了减少土耳其政府的不安，或许也是她在为自己的过去和现在设置一道不可逾越的障碍。不久，在她给自己设置障碍的地方出现了一个无底深渊，她再也不必为这段感情操心了。

波尼亚托夫斯基当了两年波兰国王后，给波兰驻圣彼得堡大使写信说："最近俄国给列普宁的指令对我的国家和我自己而言都是一个晴天霹雳。如果有可能，请让叶卡捷琳娜女皇看看，她给我的这顶王冠成了涅索斯[1]的祭服，让我在烈火中堕入地狱。"

对叶卡捷琳娜而言，在这个即将被俄国征服的国家里，她曾经的爱人这时就是她在波兰的傀儡，负责下达她的最高命令。她给这位由自己一手提拔的傀儡国王回信，让他允许列普宁在波兰办俄国的事，如若不然，"她将永远为自己看错了他的友谊和感情而感到遗憾"。波尼亚托夫斯基执意不肯，叶卡捷琳娜向他发出最后的警告："现在我只能把一切交给命运……我不管最终结果，但如果陛下能相信我所做的一切都是为了您和您的国家，请不要责怪我在波兰动用武力，但我决对不会用这些武力来伤害……"写到这里她停下了手中的笔。她原来写的是"我决对不会用这些武力来伤害我所爱的人"，但她又将最后几个词划掉，写上"希望他能过得幸福的人"。她的结束语在波尼亚托夫斯基听来，就如同站前的鼓声。

这段奇特而悲剧的感情对叶卡捷琳娜生活的影响远小于它给不幸的波兰人民造成的影响，可以说波兰人民是这段关系的牺牲者。我们不谈波兰民族生死存亡这种深刻话题，但可以说波兰早已因她而亡了。此时的叶卡捷琳娜已经无惧他人损害自己的声誉，她知道如何捍卫自己的声誉，也学会运用自己的影响来获得巨大利益。

1　希腊神话中渡人过冥河的半人马艄公。

4

现在，我们要回到这段感情结束的那个时期。叶卡捷琳娜同威廉姆斯和别斯图热夫在政治上联手，与波尼亚托夫斯基有着情感和政治上的联系，她不再是当初那个退居内宫、受人监视的无助女人，也不再受到丈夫欺凌和伊丽莎白女皇恐吓的威胁。别斯图热夫的人都被她一个个笼络过去，他本人也逃不开同样的命运。彼得一如既往的古怪粗暴，就像一头发狂的野兽。他实在令人讨厌，经常喝得酩酊大醉之后上床，一边打嗝一边同妻子说着他感兴趣的话题，比如某位公爵夫人是驼背，又或是谈他那长麻子的情妇沃伦佐娃。如果叶卡捷琳娜装睡，他就非把她摇醒不可，直到他自己昏昏睡去。他几乎每天每夜身在醉乡，人越来越疯癫。1758 年，叶卡捷琳娜生下安娜公主，其生父应该是波尼亚托夫斯基。夜里两点半，叶卡捷琳娜开始产前阵痛，彼得听说之后立即穿着制服赶来，腰里别着剑。叶卡捷琳娜问他为什么这副装扮，他脚还没站稳，一本正经地回答说，这叫患难识朋友。他这身装束是他的职责，作为一名荷尔斯泰因军官必须守护大公的府邸，打击一切敌人。他知道妻子正处于孤立无援的境地，所以必须前来帮助。他也有这种偶尔脾气好的时候，行为依旧怪异，但幽默而有礼，这对叶卡捷琳娜来说是好事。如果说彼得不像其他人一样被叶卡捷琳娜的魅力折服，那么至少对她的思想和魄力是佩服的。他常常不得不承认她意见英明，观点准确。他总是在遇到困难时向叶卡捷琳娜求救，渐渐地，他糊涂的脑中产生了她是优胜者的想法，总有一天他将亲身体会，正是这种想法让他在关键时刻无力做出任何抵抗。

叶卡捷琳娜在回忆录中写道："大公一直称我足智多谋，不管他对我生多大气，一遇到困难，就会飞快地回来征询我的意见。得到意见之后，他又飞快地跑开了。"

至于伊丽莎白女皇，此时她已经被不正常的作息耗得精疲力尽，梦魇使她每天都要换一个房间睡觉。她甚至还花大功夫在国内找到一个几乎不需要睡觉的奇人，她就把他召来每夜守在自己床边。她总在自己折磨自己。

1759 年 1 月 6 日，洛必达侯爵写道："女皇陷入了一种奇怪的迷信中。她连着几小时坐在她最喜欢的一幅画面前，和画上的人说话，好似在商量着什么。她晚上 11 点的时候去剧院，凌晨 1 点吃晚饭，凌晨 5 点才上床睡觉。她这时的心腹是苏沃洛夫伯爵，这个家族的人现在控制着女皇，其余所有事情全都是听天由命。"

新宠伊万·苏沃洛夫根本不怕伊丽莎白嫉妒或生气，竟当着她的面追求当前的焦点——大公夫人叶卡捷琳娜。德布列特男爵称，尽管这么做很危险，但他还是同时觊觎着"两个目标"。从 1757 年开始，洛必达侯爵就已经惊觉年轻的储君（从政治上说就是叶卡捷琳娜）"公然与女皇对抗，组建了自己的幕僚……他们说女皇对任何事都无力再反对，任事态自由发展"。在那个时期，在一次所有外交大臣都参与的会议上，叶卡捷琳娜同一位大使谈到她骑马的爱好时说：

"我相信没有哪个女人比我还勇敢，我是无所畏惧的。"骑士迪昂就是在那时见到她的，他描述道："大公夫人热情浪漫，眼睛会发光，脸蛋干净迷人，又带着一丝野性。如果我没看错，我从她高挑的眉毛上看到了一个长久而庄严的将来。她是个和善的人，可是当她走近我，我总是会下意识地后退一步，她的气场让我感到畏惧。"

1755 年，叶卡捷琳娜的私生活又开启了新的篇章（根据来源于她的回忆录），并且在这个时候，之前专门设来监视她的制度全都化为乌有。这一年的冬天，一向喜欢扮小丑的纳里希金总在大公夫人的门外学猫叫，以此为信号让叶卡捷琳娜知道他来了。一天晚上，叶卡捷琳娜正准备睡觉，他照例在门口学猫叫。叶卡捷琳娜便放他进来，他建议她去拜访他哥哥正在患病的妻子安娜·尼基提契娜。

"什么时候去？"

"今晚。"

"你疯了吗？"

"一点也没疯，这很容易办到。"

于是他解释了他的计划以及预防措施：出去肯定要经过大公的房间，但是他肯定和女伴们沉醉于酒桌之上，不会注意到他们，也许他已经躺到桌底下了。他告诉叶卡捷琳娜绝对不会有事，最终她被说服，不再犹豫。她让符拉迪斯拉沃娃替她更衣，假装上床睡觉，并偷偷让另一个一直听命于她的侍女准备好一身男装。待符拉迪斯拉沃娃离开之后，她就从床上爬起来，同纳里希金一起溜出去了。他们很顺利地到了尼基提契娜家，结果她根本没有生病，正和朋友聊得欢。他们几人在一起的时间非常愉快，并约定还要再来。他们二人得步行回去。圣彼得堡的严冬来临，为了不让叶卡捷琳娜在外受寒，他们必须想个新法子。于是小聚会就转移到了大公夫人的卧室，每次都要经过大公的房间，但从来没有引起怀疑。

生完第二胎后，叶卡捷琳娜总觉得光在晚上娱乐已经满足不了自己，就连白天也组织秘密聚会，什么时间聚会以及接待什么人全由她决定。后来，她感染风寒，所以在床的四周支起了屏风，以免冷风吹进来。她就在这一方小小的空间里招待访客，比如纳里希金或波尼亚托夫斯基。波尼亚托夫斯基来去都戴着金色假发，这样不容易被人认出。当有人拦下他查问身份，他便说自己是大公的乐师。叶卡捷琳娜发明的"内阁"设计得十分巧妙，只要拉下帘子，就没有人能看得见他们。这样，她每天不用起身便可以参加聚会。一天，纳里希金兄弟、波尼亚托夫斯基还有其他几个人都藏在帘幕后面，这时苏沃洛夫代表女皇来拜访叶卡捷琳娜，走的时候甚至都没有发现房间里还有其他人。苏沃洛夫走后，叶卡捷琳娜突然觉得有点饿，就命人送来六道大菜，同朋友一起用餐。当她传唤侍女来撤走空盘的时候，她们都对她的胃口感到吃惊，叶卡捷琳娜心中却觉得好笑极了。

叶卡捷琳娜再次怀孕。据大公所知，他与这件事情是没有关系的，他开了个不合时宜的玩笑。有一天他当着大家的面嘟囔道："天知道她这孩子是从哪儿搞来的。我根本不清楚这是不是我的孩子，应不应该把他算在我的账上。"在场的纳里希金很紧张，连忙去向叶卡捷琳娜报告情况。她却一点儿不在乎："您真是幼稚。"她耸了耸肩，"您去找大公，严肃地问问他，是不是四个月没同妻子睡觉了。然后告诉他你要去向宗教大法官亚历山大·苏沃洛夫伯爵报告这个情况。"纳里希金照做了。

"见鬼去吧！"大公喊道，他对这个问题实在头疼。

尽管叶卡捷琳娜表现得足够自信，这件事还是给她造成了一些不安。这次事件是一个警告，一场艰难的斗争即将开始，为此她已经做好心理准备，接受了这个挑战。大概是从这个时候起，她决定"走上独立的道路"，众所周知，这几个字对她意味着什么。在她所选择的这条路的尽头，是彼得三世将在洛普夏宫度过人生的最后一段痛苦时期。但在这一时期，她也遭遇了有可能让她万劫不复的危机。

5

1758年2月26日（俄历2月14日），别斯图热夫被捕。与此同时，在普鲁士抗击腓特烈的俄军统帅阿普拉克辛被解职，并交付法庭审判。在人们眼里，这两个事件可能起因不同，但肯定有着千丝万缕的联系。1757年，阿普拉克辛在梅梅尔和大恩策斯多夫战役中都大获全胜，使俄国的盟友欣喜若狂，他们仿佛已经看到腓特烈吃了败战，陷入绝境。就在这时，俄军没有乘胜追击，而是放弃阵地，迅速撤离，于是战场局势得到逆转，普鲁士军队不但没有惨败，反而再一次赢得了胜利。腓特烈的敌人们一个个义愤填膺，认为阿普拉克辛背叛了他们。但是为什么呢？大家都知道他是别斯图热夫的好友。大家还知道，大公夫人多次根据别斯图热夫的建议并通过他的手写信给阿普拉克辛。所以这位俄军统帅一定是在执行他们制订的计划。被腓特烈收买了的别斯图热夫则迷惑了叶卡捷琳娜，她由于同波尼亚托夫斯基和威廉姆斯的联系而听从于别斯图热夫。他们两人一同说服了得胜将军，他才最终牺牲了个人荣誉、盟国的共同利益和军队的荣耀。法国驻维也纳大使斯坦维勒伯爵受命建议奥地利政府与其一道请求伊丽莎白女皇将别斯图热夫撤职。但奥地利首相考尼茨思考之后拒绝了这个建议，同时他得到圣彼得堡的消息，说别斯图热夫和叶卡捷琳娜是无罪的。维亚纳派驻圣彼得堡的代表埃斯特哈齐认为他们无罪。只有洛必达侯爵一个人从始至终都支持这项指控。

最终，事实证明，在这件事情上，别斯图热夫和叶卡捷琳娜虽然行动可疑，但两人与阿普拉克辛军队的撤离没有半点关系。叶卡捷琳娜极力为自己和人们所谓的她的同谋辩白。俄军在大恩策斯多夫取胜后采取的行动是在8月27日、9月13日和9月28日三次军事会议上决定的。阿普拉克辛将军后来的继任者费莫尔将军当时也在场并且赞成撤离。军队饿着肚子打仗迟早会输，阿普拉克辛早就知道没有别的办法。

盟军奥地利只知道催促俄军向前推进，根本没有想过为其提供粮草。伊丽莎白女皇身边的人也只知道大嚷着"进攻柏林！进攻柏林"，最后为了迎合奥法联军而牺牲了阿普拉克辛将军。至于别斯图热夫，他的下马是迟早的事，阿普拉克辛的事只不过正好成了加速他垮台的导火索。别斯图热夫的政敌们早已知悉他要联手叶卡捷琳娜插手俄国政事的计划，于是便知会了伊丽莎白女皇，说别斯图热夫的文件中有危及她皇位的机要。这促使伊丽莎白做出了最后决定。

叶卡捷琳娜知道上述情况之后十分惊恐。别斯图热夫被指控叛国罪而倒台，她担心自己会被宣布成同谋。她给阿普拉克辛写信事小，但这个为她而拟的计划可就成了一把悬在她头顶的刀。她会坐牢吗？会被严刑拷打吗？被关进修道院、遣返德意志还是流放西伯利亚极寒之地？想到这些，她不禁全身发凉。她所有的梦想就要付之一炬了吗？

但她很快振作起来。在这悲剧的时刻，我们将见证她漂亮地一跃，如此沉着冷静，机智果敢。在不久的将来，她将征服命运，夺取政权，用彼得三世的血衣裁剪出最耀眼的皇袍。她接受教育的时期结束了，她学会了运用自己过人的天赋和后天的才学，仿佛她就是为斗争而生，为政务而生，为治理万民而生。她一刻也未曾犹疑，坚定地面对一切艰险。就在别斯图热夫被捕的第二天，宫里举行舞会庆祝纳里希金的婚礼。叶卡捷琳娜面带微笑，镇定自若地出现了。全权负责这次审判的是俄国三位高级官员苏沃洛夫伯爵、布杜赫林伯爵和特鲁别兹柯依公爵。叶卡捷琳娜走向特鲁别兹柯依公爵，愉快地问道："传到我耳朵里的这些流言是怎么回事？你们是否为罪犯找到了其他罪行，还是说你们从这些罪行找到了其他罪犯？"他对叶卡捷琳娜的泰然自若感到讶异，支支吾吾地说了些有的没的。他们只是听命办事，审讯了嫌疑犯，但并不清楚来龙去脉。叶卡捷琳娜暗自舒了一口气，又去打听别的消息。布杜赫林伯爵只说："别斯图热夫被捕，但我们还不知道原因。"

目前什么都还没发现，倒是叶卡捷琳娜在审讯这几名审讯官后有了重大发现。在他们紧张的状态和躲闪的目光中，叶卡捷琳娜看出了他们在害怕她。于是在之后的几个小时内，她感觉更轻松了。荷尔斯泰因大臣斯坦普开给她带了一张别斯图热夫的字条，写着："请不必紧张，让您担心的那些东西我已经尽数销毁。"这只老狐狸才不会掉进陷阱，叶卡捷琳娜没什么可担心的了。她的女官克鲁斯夫人建议，面对女皇的一切训斥她只需要回答"我错了，妈妈"，结果真的奏效了。为了使洛必达侯爵摸不清自己的意图，她又去假装咨询了他，对方建议她向女皇坦白，其实她根本就没有动过这种念头。首先，她利用斯坦普开、波尼亚托夫斯基和自己的近侍施库林与别斯图热夫和其他接受审讯的人私下通信。有一名年轻仆人受命去照看别斯图热夫，后来他们就把便条放在一堆砖块中，由这名仆人去取。同时，这个"信箱"还收取了叶卡捷琳娜给波尼亚托夫斯基的情书。一次，波尼亚托夫斯基写信告知约会地点，叶卡捷琳娜答应无论如何都会赶去。但她没有做到，因为当晚大公有别的计划。大公知道若妻子外出，势必会带上侍女，其中之一就是他的情妇沃伦佐娃，所以他不允许叶卡捷琳娜出门。为此，他还不允许仆人给马车套马。叶卡捷琳娜则告诉彼得她一定会去剧院，大不了可以步行过去，但她首先要给女皇写信，说大公对她态度粗暴，请准她回家乡见父母。无疑，她现在最害怕的事情就是被遣返回国，这意味回到狭隘和平庸的地方去，回到那个让她糟心的家里去。况且，现在她也无家可归。她的父亲1747年就去世了，按照礼节，她父亲不是国王，所以她不能悼念超过一周。一周之后，她不得不擦干眼泪。而她的母亲也离开了德意志。

1757年8月，法国的皮埃尔神父派遣弗雷涅侯爵到采尔布斯特，"以通过约翰娜公爵夫人激发俄国大公夫人的欲望"。腓特烈听说有这么一位法国官员的到来，就命轻骑兵逮捕他。在睡梦中遭到袭击的弗雷涅跳起来反击，他在自己房中竖起栅栏，开枪打死了第一个冲过障碍的普鲁士士兵。整个小镇都惊醒了，但他被人救了，随后就被带进了一个城堡。腓特烈没有就此放手，派了一支队伍，带着加农炮去围攻这个法国人，弗雷涅只好束手就擒。采尔布斯特必须偿付此次战斗的开销。现在的采尔布斯特公爵是叶卡捷琳娜的哥哥，他前往汉堡寻求庇护。叶卡捷琳娜的母亲正在巴黎避难，但巴黎对她态度冷淡。法国政府忌惮她工于心计，好施诡计，但如果控制了她就等于控制了俄国大公夫人。这个情况引起了圣彼得堡方面的警惕。洛必达侯爵不得不请求自己的政府将公爵夫人送回德意志。法国自然回答他说，她是不请自来的，如果事先打了招呼，在布鲁塞尔就可以将她截留下来，可是现在人已经来到法国，贸然将其遣送回去，只会冒犯大公夫人，况且她还没有做对法国不利的事。皮埃尔神父在信中神圣地写道："法国从来都是不幸的贵族王孙的避难所。采尔布斯特公爵夫人为面见法国国君而遭受了一番苦难，她比谁都更有资格受到法国的接待。"

所以说，假如叶卡捷琳娜要离开俄国，她还能去哪儿呢？巴黎？可以肯定的是，伊丽莎白绝对不会往流落法国的不幸王孙贵族的名单上再加一个俄国大公夫人。但对叶卡捷琳娜而言越不可能，她就应该越敢请求去那儿。面对这个尴尬的请求，伊丽莎白马上做出了回应。她让人给叶卡捷琳娜传话说会亲自跟她谈谈的。接着几周过去了。对别斯图热夫及其同谋的调查继续进行着，洛必达侯爵一直关注着事态进展，他每天都在揭露别斯图热夫的罪状（如果他的话可信），却苦于没有足够证据能让他服从审判。

最终，叶卡捷琳娜做出了一个大胆的决定。一天夜里，有人把女皇的牧师叫醒，告诉他大公夫人生病了，想找他忏悔。牧师去了之后觉得有必要提醒女皇大公夫人病重一事。伊丽莎白害怕了，为了叶卡捷琳娜的健康，便同意接见她。

我们对于这次会面所知的只有叶卡捷琳娜自己的言词。

可是四十年后写的回忆录也有可能不完全准确，这一观点同样适用于这本传记。在此之前，我们从她的回忆录中摘用了诸多片段，遗憾的是，回忆录写到这部分就中断了，此后我们将无法再引用。

会见的地点在女皇的更衣室，面积很大，晚上灯光比较昏暗。房中有一张祭坛式的白色大理石长桌，桌上的茶壶和金碗碟在昏暗的光线里闪着光，女皇常花很长时间坐在这里，回忆她的青春年华。叶卡捷琳娜注视着金碗碟闪烁的光，忽然注意到女皇放在桌上的一卷纸。她强烈地预感到这是一份诉罪书，是她同别斯图热夫和阿普拉克辛的往来信件。屏风后传来一阵沉闷的谈话声，她听出来是丈夫和亚历山大·苏沃洛夫的声音。这时，伊丽莎白女皇出现了，表情淡漠，话语简短，眼神坚定而冷酷。叶卡捷琳娜当即跪下，没等女皇开口盘问，她再一次提出自己先前在信中谈及的请求。她话中带着哭腔，仿佛是一个孩子在悲诉自己受到陌生人的利用，并哭着要求回到家人身边。伊丽莎白感到震惊，也有些尴尬。

她说："我拿什么理由送你走呢？"

"就说我不幸没有得到陛下欢心。"

"你今后打算如何生活？"

"一如您召见我之前一样生活。"

"但你母亲已经不在家中。你知道她此刻人在巴黎。"

"是，她因为热爱俄国而触怒了普鲁士国王。"

叶卡捷琳娜的对答很成功，一字一句都为她赢得了胜利。

女皇更加惶惑起来，努力采取攻势，她责备叶卡捷琳娜太傲慢。有一次在夏宫，女皇忍不住问她是否脖子有问题，因为她看起来似乎很难低下脑袋。自尊心受到伤害的伊丽莎白同叶卡捷琳娜为此事争辩起来，而叶卡捷琳娜则变得比一株小草还柔弱，低眉顺眼起来，说自己不记得女皇陛下说的这件事，她大概是太愚蠢了，当时竟没有理解女皇的意思。她闪闪的眼睛看着伊丽莎白，骑士迪昂曾说她有一双猛兽的眼睛。伊丽莎白试图躲避这曾威吓住特鲁别兹柯依和布杜赫林的目光，便走向房间的另一头和大公谈起话来。叶卡捷琳娜仔细听着。彼得以为她被女皇责骂了一顿，正利用机会告她的状，直言不讳地说她恶毒不驯。叶卡捷琳娜跳起来，大声说道："没错！我恶毒。我自然对那些待我不公的人很恶毒。自从我知道对您的无礼一再让步对我自己没有半点好处，我当然只有跟您对着干了！"

彼得以为自己得逞了，冲女皇说道："您看到了吧！"但女皇沉默不语。看到叶卡捷琳娜的表情，听见她明亮的声音，她心里又开始害怕起来，想再恐吓一下这个年轻人，要她自己承认犯罪事实。叶卡捷琳娜否认了，于是女皇便威胁要严刑拷问别斯图热夫。叶卡捷琳娜则冷漠地答道："随您的便吧。"伊丽莎白觉得自己失败了，遂改变了自己的语气，悄悄同叶卡捷琳娜说，当着大公和苏沃洛夫的面，无法跟她坦率地谈话。叶卡捷琳娜很快便意会了，也压低声音谦卑地回答说一直都很想跟女皇开诚布公地谈话。女皇心软了，流下眼泪，叶卡捷琳娜也照做了。彼得和苏沃洛夫对此大吃一惊。为了结束这个场面，女皇宣布太晚了。确实，当时已经是凌晨三点钟。叶卡捷琳娜退下了，在她准备睡觉之前，亚历山大·苏沃洛夫按女皇吩咐过来找她，告诉她女皇很快会同她进行第二次谈话。几天之后，伊丽莎白派大臣去劝她放弃回德意志的想法。1758年5月23日，她们二人再次见面，到离别的时候双方都表现得很不舍。叶卡捷琳娜又哭了，但这次流下的是开心的泪水，因为"她满脑子都是女皇的赏赐"。她已经取得了完全的、关键性的胜利。

第二章　皇位之争

1

威廉姆斯和波尼亚托夫斯基离开了俄国，别斯图热夫倒台了，此时此刻所有与叶卡捷琳娜联系最密切的人都不在了。车尔尼雪夫一直在服兵役，萨尔蒂科夫被逐至汉堡生活。1759 年 4 月，叶卡捷琳娜失去了女儿。第二年，她母亲在巴黎去世，叶卡捷琳娜与母国唯一的联系也就此断了。但她已经不害怕自己在俄国孤立无援。一个名叫基斯的人代替了英国大使威廉姆斯的位置，正竭力讨取大公欢心。与前任不同的是，基斯认为彼得很适合扮演一个告密者兼间谍的角色。彼得在这方面展现了很大才能，终于为自己的恶趣味找到了一份合适的事业。不久，彼得就开始替英国和普鲁士卖命，让他在圣彼得堡臭名昭著，腓特烈在《七年战争史》中也提到过彼得对他们的贡献。虽然如此，这些都不妨碍基斯像威廉姆斯一样，一面为大公做事，一面借钱给她。

波尼亚托夫斯基很快也有了替身。1759年春，腓特烈手下的施威林伯爵来到圣彼得堡，此人曾在佐恩多夫战役[1]中被俘（1758年8月25日）。他作为名人来访受到了隆重欢迎。出于形式上的礼节，宫里指派了两名军官任其差遣，其中之一的格里戈利·奥洛夫也是佐恩多夫战役中的英雄，虽负伤三次都不离战场，颇具东方宿命论的勇气，他笃信自己的命运，事实也证明他是正确的。奥洛夫兄弟五人都在近卫团中，格里戈利同他哥哥阿列克谢一样身材高大，孔武有力，但格里戈利拥有一张胜过其他兄弟的天使般的面庞，甚至比波尼亚托夫斯基和萨尔蒂科夫还要英俊。然而，除此以外他身上再无半点天使的特点。他不太聪明，缺乏教养，过着和其他战友一样的普通生活，但更加狂放不羁。终日狂赌豪饮，没有钱就拿自己的性命来赌，反正他也没有什么其他东西可失去的，整天醉醺醺的，就算不喝酒的时候身上都带着一股酒气。他追求行乐，不顾一切地冒险，一见漂亮女人就拼命追。和别人发生争吵时，谁和他对着干他就揍谁。就是这么一个人，即将成为未来女皇生活的一部分。他也是政治利益和爱情利益的结合，此后很长时间，若他算不得叶卡捷琳娜心中的第一名，也排得上第二，第一名应该是她的权欲。虽然我们笔下的奥洛夫不够英雄，但是叶卡捷琳娜完全不讨厌他的习性，毕竟她自己就是个热爱冒险的人。以前她同洛必达侯

1　七年战争中的一场战役，普鲁士国王率普军主力堵截向普鲁士腹地进发的俄军，以3.9万人以少胜多战胜5.8万俄军。

爵谈话时就表露过自己的"轻率又鲁莽"，这放在奥洛夫身上也是一样的。他拥有一种比美貌和智慧更强大的魅力，迷得叶卡捷琳娜神魂颠倒，此后她也是因为这个原因恋上了她的独眼爱人波将金[1]的。

奥洛夫曾驻守的柯尼斯堡[2]见证了他寻欢作乐的本事，1760年他在圣彼得堡成了人人称羡的炮兵副官，依旧没有改变自己的生活习惯。由于炮兵上将是伊丽莎白女皇有名的宠臣的表亲苏沃洛夫，所以人们很快便认识了这个格里戈利·奥洛夫。苏沃洛夫上将有一个情妇海伦·库拉金公爵夫人，是圣彼得堡的大美人。很快，奥洛夫就成了他长官的情敌，并取代了他。这样一来，他引起了所有人的注意，其中包括叶卡捷琳娜。奥洛夫差点儿为这场胜利付出昂贵的代价。对于这样的羞辱，苏沃洛夫上将绝不会善罢甘休。奥洛夫实在是吉星高照，苏沃洛夫还没来得及复仇就死了。叶卡捷琳娜一直饶有兴趣地关注着这位搭上性命也要抱得美人归的年轻人，更巧的是，他恰好就住在冬宫对面。这给叶卡捷琳娜和奥洛夫创造了绝佳的条件。作为一名大胆、有魅力的军官，奥洛夫走到哪儿都能成为生活圈的中心人物，并将对"走上独立道路"的俄国大公夫人产生重要影响。

叶卡捷琳娜在回忆录中不止一次提起，自己从一开始就

1　1739—1791 年，俄国名将，在第五次俄土战争期间表现突出，是叶卡捷琳娜二世的宠臣。

2　柯尼斯堡曾是德国文化中心之一，1945 年柯尼斯堡战役后，苏联红军占领了这座城市，1946 年更名为"加里宁格勒"。

渴望获得人们的热爱，这是维护她在俄国地位的唯一的、真正的要素，她称之为俄国"民众"。她非常在意"民众"对她的看法，希望做到民心所向。她乐于人们一有需要就来指望她，这样她以后也有理由依靠他们。这样既有决心又有智商、容易掌控且行动统一的"民众"或者说社会性群体在哪儿呢？根本找不到。在上层，有官僚集团，因官阶位份而有所不同，上级一个眼神就可以使下级颤抖，一个手势就可以将他们废除。在下层，是劳苦大众，肌肉发达，从事苦差，没有自由的灵魂。在两者之间，有神职人员，他们拥有较大的权力，但很难接触和控制，这部分人一般只能从上至下而不能从下至上地起作用，不适合作为政治工具。以上，都不是将伊丽莎白推上宝座的那类人。除此之外，还有一股强大的力量，只在某些场合才会出动，这股力量曾经帮助伊丽莎白夺得皇位，这另外一个群体就是军队。

　　叶卡捷琳娜对奥洛夫心生爱慕不仅因其高大俊朗、英勇果敢和狂放不羁，也因他和他兄弟手中掌握着四支近卫团。奥洛夫没有在库拉金公爵夫人身边流连太久，他这个人是不怕高攀的，特别是还遇到这么主动的高枝。他也不是喜欢隐藏新恋情的人，从上将手中抢了库拉金公爵夫人时就不管不顾地高调宣布，和大公夫人在一起后也是这副德性。彼得忙着别的事情，对此也没有说什么。伊丽莎白病入膏肓，也没有说什么。叶卡捷琳娜就随他去了，她并不介意兵营里的人谈论她与她的美男子奥洛夫，况且士兵们都爱戴奥洛夫，甚至愿意为其赴汤蹈火。1762 年，她写信给波尼亚托夫斯基：
"奥斯廷说奥洛夫到处跟随我，为我做一些蠢事。他对我的
狂热众所周知。"她喜欢被他追求。与波尼亚托夫斯基相比，
奥洛夫的追求势头显得有点猛烈，不过叶卡捷琳娜在俄国早
已被这个民族同化。俄罗斯民族的性格即是如此，尚处于刚
接受文明洗礼的阶段，他们就喜欢甚至需要有这种浓烈的反
差。久而久之，这个民族的性格便融入叶卡捷琳娜的性格中。
叶卡捷琳娜在爱情上，常常从一个极端跳到另一个极端。

　　1762 年，叶卡捷琳娜结识了达什柯夫公爵夫人，此人
是副国务大臣的兄弟罗曼·沃伦佐夫伯爵最小的女儿。他的
大女儿是玛丽，嫁给了布杜赫林伯爵，二女儿伊丽莎白就是
彼得的情妇，整日幻想着嫁给大公。她也是沃伦佐夫伯爵最
疼的女儿，伊丽莎白女皇开玩笑地称她"蓬巴杜夫人"[1]，于
是宫里所有人都这样叫。小女儿也叫叶卡捷琳娜，大公夫人
早先在她叔父迈克·沃伦佐夫家见到她时，叶卡捷琳娜还只
有十五岁，一句俄文不识，只会说法语，已经读完圣彼得堡
能找到的全部法语书，于是大公夫人对她产生了兴趣。不久
之后，她嫁给了达什柯夫公爵，跟丈夫去了莫斯科，大公夫
人有两年没见过她了。1761 年，达什柯夫公爵夫人回到圣
彼得堡，在她叔父的乡间别墅度夏，就在彼得霍夫（女皇长
居地）和奥拉宁堡（大公夫妇避暑的住处）之间。每周日，
叶卡捷琳娜都会去彼得霍夫看望儿子，因为伊丽莎白仍把他

1　法国国王路易十五的情妇，社交名媛。

留在自己身边。叶卡捷琳娜在回府的路上，都会在沃伦佐夫别墅停留片刻，将她年轻的朋友达什柯夫公爵夫人捎上。她们一起打发一天中剩下的时间，讨论哲学、历史、文学以及最艰深的科学和社会问题。她俩一个快三十岁，一个尚未满二十岁，有时也会谈及一些愉快的事情。不过叶卡捷琳娜当时总忧心忡忡，达什柯夫公爵夫人生性严肃认真，两人之间很少能聊得兴高采烈。后来叶卡捷琳娜觉得与她的交往不甚愉快，甚至有点难以忍受。但令叶卡捷琳娜高兴的是，她还有这样一个对象可以谈论她与奥洛夫完全谈不来的话题。更令她开心的是，达什柯夫公爵夫人只有十七岁，却已经读过伏尔泰的著作，这个小小的俄国头脑中竟然拥有些许西方文明的闪光点，尽管很微弱，对心心念念想将西方文化移植到这片广阔野蛮之地的叶卡捷琳娜来说，达什柯夫公爵夫人便是这份宣传工作的良好开端。其次，她还是俄国的贵妇人，她和丈夫的家族都颇有名望，这一点也相当重要。最后，她与叶卡捷琳娜的教育经历也很相似，涉猎广泛但不完整，虽然只有零零散散的思考和匆匆忙忙阅读得来的知识，达什柯夫公爵夫人拥有一颗随时准备冒险的炽热灵魂。在叶卡捷琳娜命定的时刻到来之前，她们一直携手前行。

　　然而不论是奥洛夫还是达什柯夫公爵夫人都弥补不了前国务大臣别斯图热夫倒台的损失。他们找到了一位政治家来接替这位阅人无数、政治经历丰富的谋士，这人便是潘宁，前国务大臣的学生。十年前，时年二十九岁的潘宁风华正茂，别斯图热夫认为他有机会成为伊丽莎白的宠臣。伊丽莎白确实很看重他，但态度一直都很冷淡。苏沃洛夫家族认为宠臣的地位应由他们家族的人继承，便联手沃伦佐夫家族整垮了别斯图热夫一派。潘宁被派往哥本哈根，之后又被派往斯德哥尔摩，在这些地方同法国势力周旋，并产生了一定的重要影响。但是俄、法后来进入同一阵营，1760 年，潘宁被召回国。伊丽莎白让他做大公保罗[1]的老师，自上一任教师贝捷耶夫离职以来，这个职位一直空着。苏沃洛夫家族没有提出反对。伊丽莎白身边一直都是苏沃洛夫家的人，最初是亚历山大·苏沃洛夫，后来是其弟彼得·苏沃洛夫，现在是其表亲伊万·苏沃洛夫，他才三十岁，根本不惧怕日渐衰老的潘宁与他争抢风头。潘宁为人冷静沉稳，做事有条不紊，从容不迫，正好与叶卡捷琳娜身边那群性格暴烈的人相衡。潘宁与别斯图热夫一样是个亲奥人士，他的政治思想与叶卡捷琳娜更贴合，都是一致反对彼得的亲普路线。他也有点害怕彼得古怪的脾气，且饱尝其苦头。

　　一个即将来临的事件在整个欧洲引起轩然大波，各种讨论声层出不穷——伊丽莎白不行了。她的去世不仅会给俄国带来不可估量的政治危机，所有利益相关者的斗争结果都将取决于这次终结。1761 年，占领柯堡[2]以后，俄奥联军再有几个月时间就能剿灭腓特烈的部队。此前，在大恩策尔斯多

1　叶卡捷琳娜长子保罗·彼得罗维奇，出生于 1754 年，后来成为沙皇保罗一世。
2　德国中部图林根州的一座城市。

夫和库奈尔斯多夫的失
败让腓特烈不再抱有幻
想。但如果彼得三世即
位，可想而知，他肯定
会结束俄奥联军对普鲁
士的作战。

潘宁也在考虑这个
问题。虽然他打算解决
这个问题的想法不完全
是为了叶卡捷琳娜的秘
密野心，但至少能帮助
她对抗政敌的阴谋诡计。
根据一项可靠的证明，

彼得三世、叶卡捷琳娜及其儿子保罗

沃伦佐夫家族想强迫叶卡捷琳娜与彼得离婚，宣布他们的儿
子保罗是不合法的皇嗣，这样皇位继承人彼得就可以同情妇
伊丽莎白·沃伦佐夫结婚。值得叶卡捷琳娜庆幸的是，沃伦
佐夫家族的野心太大，引起了苏沃洛夫家族的担心和反对。
苏沃洛夫家族认为应先将彼得送往德国，然后马上让保罗继
承皇位，由叶卡捷琳娜摄政。而潘宁则支持这两派观点的中
间道路，赞成按合法手续办事，然后让叶卡捷琳娜，当然也
包括他自己，对彼得日后的治理施加有益影响。叶卡捷琳娜
听着所有意见，但没有发表任何看法。她有自己的主意，并
且已经同奥洛夫兄弟探讨过这个问题。

2

1762 年 1 月 5 日，伊丽莎白去世，彼得作为皇位继承人的诏命没有任何变动。她是否有过这种打算，我们不得而知。

1760 年 10 月，德布列特男爵写道："大家都希望且相信她将把大公保罗推上皇位，她显然很喜欢这个孩子。"一个月后，他又接着写道："大公外出打猎几日，那一天，女皇突然要求剧院演一出俄国戏剧。但往常总会一同看戏的所有外交官和宫里的大臣一个都没有出席。只有几个近侍和小保罗跟着她去了剧院。大公夫人也受到邀请前去看戏。戏剧开始的时候，女皇嫌观众太少，就把所有守卫都叫进来看戏。剧院一下子坐满了士兵，根据他们后来的描述，女皇让小保罗坐在她膝上，对他爱护有加。她转头向曾经拥护过她的榴弹兵介绍了这个孩子，夸奖他长相英俊，品行端正。听到士兵们的称赞后她似乎也乐得合不拢嘴。整出戏剧都在这样的氛围中进行着，看得出来大公夫人也十分得意。"

如果上述情况是真，表面看起来同意苏沃洛夫家族的潘宁最后关头欺骗了他们。他找来一名僧人，让他说服女皇与彼得妥协。女皇下不了这个决心，她特别厌恶这个外甥，但她又渴望自己能得到安宁。女皇的死很容易引发革命来反对她因荒淫无度而意志薄弱时做出的最后决定。德布列特男爵写道："一想到人们对大公的痛恨和大公犯下的错，我就觉得会有一场革命。但当我看到即将掀起革命的人脸上一副粗鄙怯懦的神色，又觉得他们的恐惧和奴性会让这次篡位像在女皇统治时一样平静下来。"

事实就是这样。照威廉姆斯的说法，叶卡捷琳娜五年前就计划好女皇离世之后自己该怎么办。她说："我会直接走进我儿子的房间，如果我碰到阿列克谢·拉祖莫夫斯基，我会把他留在我的小保罗身边，如果没有见到他，我就把孩子抱回自己房间。同时，我会派一名信得过的人去传唤五位近卫团军官，让他们各自带五十名士兵来见我。还要派人去叫别斯图热夫、阿普拉克辛和列文。我将在女皇去世的房间让近卫团首领向我起誓表忠，让他们守在自己身边。一旦发现有人迟疑，就逮捕苏沃洛夫家族。"她已经与哥萨克[1]人酋长西里尔·拉祖莫夫斯基沟通好，他答应用自己的团队来支持她，并保证把布杜赫林、特鲁别兹柯依和沃伦佐夫带来见她。她还给威廉姆斯写信说："伊凡四世曾经想跑到英国去。但我不会向英国寻求庇护，因为我已经决定，要么当上女皇，要么就是一死。"

威廉姆斯的话是否可信呢？神父沙普认为女皇去世的时候完全没有这种情形发生。法国历史学家则称叶卡捷琳娜当时跪在丈夫脚下，表示愿意"做他最忠实的仆人"，为他效劳。后来叶卡捷琳娜知道了这个说法以后觉得受到了侵犯，激动地发誓否认。

---

1 生活在东欧大草原（乌克兰、俄罗斯南部）的游牧社群。在历史上以骁勇善战和精湛的骑术著称，并且是支撑俄罗斯帝国于 17 世纪往东扩张的主要力量。

总之，彼得平平安安地继承了皇位。正如大家预料，在他的统治下腓特烈松了一口气，他意识到伊丽莎白的死让他得救了。就在彼得登基当晚，他向各部队派出使者，命令停止敌对行动。占领了东普鲁士的军队不得不停止进攻，同奥地利联合行动的部队也被拆开。彼得命令，只要普鲁士将军提出建议，俄军就必须休战。同时，彼得还派使臣古多维奇去给腓特烈送一封亲笔信，说明自己的友好愿望。接着一系列公共决议和说明都快速出台，皆显示出了俄国趋势和态度上翻天覆地的改变。彼得甚至想都不想就将法国戏剧演员遣散。最后，在 2 月的时候，俄国向法国、西班牙和奥地利代表发出一份声明，彼得毫不客气地背弃这些盟友，决定同普鲁士和解，并希望这些国家照做。这就是他们在新政府治下得到的。

1762 年 2 月 25 日，国务大臣沃伦佐夫举行了一个盛大宴会，从晚上 10 点开到凌晨 2 点。德布列特男爵说沙皇彼得"一边喝酒，一边胡说八道"。宴会快结束时，彼得摇摇晃晃地起身转向维尔纳将军和霍尔特伯爵，为普鲁士国王干了一杯。彼得还说："今时不同往日，我们走着瞧，我们走着瞧！"说话的同时对他称为"亲爱的朋友"的英国大使基斯抛去一个自信的微笑和眼神。凌晨 2 点的时候，客人们进了会客厅。平时玩纸牌的桌子被换成了一张堆满烟草和烟袋的大桌。为了讨好这位皇帝，所有人必须一起抽烟，抽上几个小时，还要痛饮英国啤酒和潘趣酒[1]。彼得与吉斯进行一番长谈之后，决定玩个赌钱游戏。期间他叫来瑞典使臣珀斯男爵，欲说服他相信瑞典近日发布的声明同自己的声明是完全一样的。

珀斯解释道："瑞典声明只是为了提醒盟国战争继续将带来的困难。"

彼得说道："我们必须同普鲁士和解。我本人是会这么做的。"

游戏继续进行，德布列特男爵输给彼得的叔叔荷尔斯泰因的乔治公爵几个杜卡特，男爵在军队生涯中曾与他在德国战场交过锋。彼得大笑道："你的老对头可比你发挥得好！"他像个醉鬼一样，不停地重复这些话。男爵有点吃惊，表示不论是他本人还是法国，今后都不会再同乔治公爵作战。彼得没有回话，过了一会儿，他看到西班牙使臣阿尔莫多瓦尔伯爵又输了，于是他凑到男爵耳边说："西班牙会输的。"说罢他又笑了起来。

德布列特男爵勉强控制住自己的愤怒，毕恭毕敬地答道："我不这么认为，陛下。"他进一步指出法国和西班牙联合起来将是一股巨大的力量，彼得却只是哈哈大笑。最终，德布列特男爵说："如果陛下能遵照曾经的盟约，坚守盟约的规定，法国和西班牙将会是最好的盟友。"

这下彼得怒了："两天前我就说过了，我要休战！"

1　用酒加糖水和果子露等制成的混合饮料。

"我们也如陛下一样，但我们也需要通过一个体面的、符合盟国利益的方式来休战。"

"随您的便吧，我只要休战和解。此后，您可自便。办事总得有始有终，我是一个军人，从不开玩笑。"说完彼得转身离去。

德布列特男爵严肃地回答："陛下，我会向我王如实禀报您的一切旨意。"

这意味着彻底的决裂。有人立即通知了沃伦佐夫，他向德布列特男爵道歉说国王纯属酒后失言，脾气向来古怪。但不论是圣彼得堡这边还是凡尔赛那边都没人认为彼得的话是在开玩笑。

法国大公给德布列特男爵写信道："我已听说了2月25日那天的事，您可以想象我有多愤怒。老实说我从没想到我们会受到这种待遇。法国的事情什么时候轮得到俄国来裁定。我并不认为沃伦佐夫先生会再做解释，要求解释也是无益的。我们该知道的都已经知道了，下一次接到的消息恐怕就是俄国同我们的敌人订立盟约了。"

两个月后，这个盟约成真了。4月24日，彼得与普鲁士签订了一个和平协议，并在协议中写明两国将很快订立攻守同盟。他公开宣布想率一部分军队听从腓特烈的指挥，这是他长久以来的理想。早在1759年5月的时候洛必达侯爵便向法国内阁报告说："彼得大公和施威林伯爵、恰尔托雷斯基公爵单独谈话时，就开始称赞普鲁士国王，他对施威林伯爵说，希望有朝一日能有幸在普鲁士国王指挥下参加一次战斗。"

同时，彼得由于丹麦侵占德意志领地的事而向其寻衅。堂堂的俄国君主竟准备替荷尔斯泰因大公复仇。一名俄国历史学家写了一本书来解释伊丽莎白继承人的"政治制度"，他认为如果这种政治制度得以实现，则俄国的将来岌岌可危。不过这位历史学家可能高估了彼得三世和他的政策。他难道认真想过要"牺牲西德维纳河[1]，丢弃几百万同胞，以便在普鲁士帮助下占领几百俄里外的易北河[2]，然后去统治几千个半丹麦人半德意志人？"我们认为他最多不过是希望表达自己对腓特烈的崇拜，让德国人为他的将军制服大吃一惊。他还在玩做玩具兵游戏，只不过他有了选择的自由，不再满足于面团做的士兵。

在内部政策上，彼得也自认为是一个认真的改革者。一道接一道的指谕，一下将教会地产世俗化，一下解除贵族的强制服役义务，一下又是镇压"秘密办公厅"和政治团体。这样仓促的立法意味着什么？难道彼得真的是一名自由派？一天傍晚，彼得想躲开他的情妇，便把国务秘书迪米特里·沃柯夫召来，跟他说："我已经和沃伦佐娃小姐说今晚有要事

1　西德维纳河源自俄罗斯瓦尔代丘陵中的小德维纳湖，先向西南流，至维捷布斯克转向西北流，先后流经俄罗斯、白俄罗斯和拉脱维亚，最后在里加注入波罗的里海加湾。

2　易北河是中欧主要航运水道之一，发源于捷克、波兰两国边境附近的克尔科诺谢山南麓，穿过捷克西北部的波希米亚，在德勒斯登东南 40 千米处进入德国东部，在德国下萨克森州库克斯港注入北海。

与你商谈。明天你得替我拟出一份旨谕，让宫里宫外皆知。"
沃柯夫鞠躬退下。第二天拟出的旨谕果然令彼得十分满意，
贵族也是。也许彼得是在生长环境中耳濡目染，向来习惯于
不假思索地接受别人的思想。很多孩子天生都喜欢瞎胡闹，
而彼得躁动不安的天性让这种瞎胡闹的本能变本加厉。他喜
欢大笔一挥就能颠覆整个国家体制的感觉，喜欢看到人们因
看到这种剧变而吓坏了的神色。所有人都是他恶作剧的对象。
总之，他认真地玩乐，仿佛自己即将成为一位伟大的君主。

　　他颁布这些内外政策是否会失去民心，动摇皇位的基础？
恐怕还不会。他的臣民可见识过比这更矛盾的措施。教会遭
受了沉重的打击，但是什么也没说。贵族们自然是高兴的，
也没有什么可说。俄罗斯枢密院要为彼得建一座黄金雕像，
但被他拒绝了。后来很多人都认为，从整个政府机器的运作
过程中已经可以看出其解体的种种迹象，并最终将导致新政
权的终结。不过这些观察都是事件发生以后才得出的。与此
同时，尽管彼得为人古怪，治下却一片平静，而且在他之前
还有比他更古怪的比伦[1]。俄国这架政府机器就如同将叶卡捷
琳娜载到莫斯科的巨大雪橇一样，不惧颠簸。

　　彼得犯了两个重大错误，一是令一部分人感到不满，二
是彻底激怒了另外一部分人。

　　感到不满的是军队，不是因为他们不愿意改变战事的立

1　1690—1772 年，德国人，俄国女皇安娜·伊凡诺夫娜的宠臣，他当政时
期被称为"比伦苛政"时期。

场，一会儿联合奥地利与普鲁士打仗，一会儿又联合普鲁士同奥地利打仗，而是因为彼得想在军中实行普鲁士的纪律。但是他们有自己的纪律：只要一个人轻微犯规，就算他是伊丽莎白最喜爱的榴弹兵，都有可能被判处三千、四千甚至五千次的杖责，而且不会对此提出抗议。就算这个人抗议，最终还是会毫无怨言地回到部队。但在现在他们却要因为个别人表现不佳而整队重新演习，这让他们无法忍受。其次是因为彼得要改换军服。最后彼得还谈起取消近卫团，正如彼得一世取消射击军一样。这无疑触犯了最神圣的内核。将近半个世纪以来，近卫团是俄国最无坚不摧的军队、帝国得以稳定的因素。彼得现在要解散这只曾与已故伊丽莎白女皇同桌吃饭的军队，以荷尔斯泰因步兵团代之，由荷尔斯泰因的乔治公爵担任俄国军队总指挥和骑兵卫队长官，而此前这些职位一直都是由俄国君主本人担任的。这件事让军队的人忍无可忍。在我们看来，当时人们几乎一致认为新皇帝引起的民众敌视完全出自这些军事改革及其在军队中产生的影响。我们本章之前提到过"民众"一词在俄国即指军队。

被彻底激怒的则是叶卡捷琳娜，彼得似乎疯鬼附体一般地对待她。1762 年 1 月 15 日，德布列特男爵给法国大公写信道："皇后处境艰难，遭受着极大的蔑视。我已经向您汇报过她是如何努力用哲学来拯救自己的，但这种精神食粮和她的性格实在格格不入。但现在据我所知，皇帝对她的恶劣态度和沃伦佐娃小姐趾高气扬的姿态已经让她怒火中烧。如果她被逼到绝处而采取任何大胆暴力的措施我都不会感到惊讶。她的一些朋友正在努力劝慰她，可一旦她提出要求，这些人一定会为她出生入死。"

4月，彼得搬进刚完工的新宫殿，同沃伦佐娃入住在新宫的一侧，并将妻子安排到另一侧的尽头。这样的安排让叶卡捷琳娜更自由，对她来说最好不过。而且她又怀孕了，这次怀孕可与这位皇帝扯不上一点关系了。彼得不断对她施以卑鄙无礼的手段，争吵不休。一天，他正与情妇吃饭，便要将叶卡捷琳娜身边的霍尔特伯爵一起邀来。伯爵不敢对叶卡捷琳娜说是谁找他，于是谢绝了彼得邀请，结果彼得自己过来了，粗暴地对伯爵说他们正在等他，强迫他跟自己走了。还有一天，彼得知道叶卡捷琳娜喜欢吃水果，就不让仆人将水果端上桌。

当时年轻漂亮的女人都好抽鼻烟，叶卡捷琳娜很早就有这个习惯，以后也一直没有戒掉。塞尔吉斯·加利津说彼得不允许叶卡捷琳娜抽鼻烟，为此她还曾向他（塞尔吉斯）父亲借过一次鼻烟。还有一次，皇帝在公开场合因为此事对皇后破口大骂，劈头盖脸地羞辱了她一番。1762年6月21日，与普鲁士签订和平条约的盛宴上，上三层阶级的贵族和外使云集，共四百人出席。皇帝坐在桌子一头，他的右边是高兹男爵，皇后照常坐在长桌中间的位置上。在为腓特烈的健康干杯之前，皇帝要求先为皇室家族干一杯。还没等皇后将手中的杯子放下，皇帝就派古多维奇去责问她为什么不站起来表示敬意。她回答说皇室家族就包括皇帝、皇后和他们的孩子，没有必要对此表示敬意。彼得马上又派古多维奇过去告诉皇后，说她是个傻瓜，皇家还包括他的叔叔，即荷尔斯泰因两位公爵。彼得担心古多维奇表达不好，自己隔着桌子对她大喊：“傻子！”在座所有人都听到了他的话。叶卡捷琳娜忍不住流了眼泪。

以上只是羞辱，彼得后来还威胁叶卡捷琳娜。同日他授予情妇沃伦佐娃圣凯瑟琳勋章。这是拥有皇室血统的女性才能得到的荣誉，叶卡捷琳娜也只是同皇位继承人订婚之后才获得的。彼得一如往常，醉醺醺地从酒桌离开，命令巴略汀斯基公爵逮捕皇后，乔治公爵劝解之下，他才放弃了这个决定。但大家都认为，在沃伦佐夫家族的唆使之下，他还会走极端，将叶卡捷琳娜关进修道院，把小保罗扔进监狱，然后和情妇结婚。沃伦佐娃已经掌控了彼得，她“平庸”“丑陋”又“愚蠢”，与这位半德国血统的傀儡皇帝很是般配。就连对彼得大加褒扬的德国人舍列尔都承认，彼得唯一的缺点就是品味低下，找了这样一位伴侣。沃伦佐娃缺乏教养，“她骂起人来就像士兵一样野蛮，斜着眼，唾沫星子飞溅”，好像有时候还会打彼得。但是她能陪彼得喝得酩酊大醉，这让彼得觉得很满意。据说，就在后来政变之时，贬谪叶卡捷琳娜而让沃伦佐娃当皇后的诏书都已经拟好了，而且即将要对外宣布。

于是，叶卡捷琳娜面临着进退两难的局面，不管是进是退都存在可怕的风险，退则将一无所获，进又没有什么输得起的。她必须做一个选择。

3

1762 年政变让彼得三世丢掉了皇冠和性命，但关于这方面的可信史料却少之又少。史学家呼列尔似乎错估了潘宁和达什柯夫公爵夫人在这场事件中的作用，他认为这两个人什么忙也没帮上。潘宁本人不太想卷入这次冒险，但是达什柯夫公爵夫人为了赢得潘宁帮助甚至不惜献出自己的节操。此处必须补充一句，达什柯夫公爵夫人做这个决定前颇有一番顾虑，她与潘宁是近亲，而且年龄上都可以当他女儿了，因此拒绝过他的追求。但是叶卡捷琳娜的秘书意大利人奥达尔暗中牵了个线，使公爵夫人摆脱了这种观念，于是两人齐心协力地行动起来。可惜这两人从始至终就与叶卡捷琳娜的观点不同。公爵夫人读过的书和潘宁在斯德哥尔摩的经历带给他们的是共和思想，他们同意叶卡捷琳娜掌权，但还有一些附加条件。叶卡捷琳娜则不肯做出任何妥协，她手下有奥洛夫兄弟，所以不打算付出这么大的代价来联合他们行动。最终，他们决定在推翻彼得的事情上各自行动，至于由谁继承皇位，将来再闹个水落石出。公爵夫人和潘宁在高级军官中寻求拥护者，奥洛夫兄弟则在士兵中游说，有时候也面向军队首领。这两派人有时在军营中碰见，彼此不熟，总是满面狐疑地看着对方。最后叶卡捷琳娜出面将这两个派别的人联合起来，掌握了行动的主动权。

以上是呼列尔的说法，尽管在当今很多人看来都具有说服力，但也引起了不少反对意见。如狄德罗后来在巴黎遇到达什柯夫公爵夫人时这样描述道："公爵夫人不漂亮。个子小，额头宽而高，脸颊肥厚。眼睛不大不小，深深地嵌在眼窝里，眼珠和睫毛是黑色的。鼻子扁平，嘴巴大而丰厚，牙齿不齐。她像一般俄国人一样，有着圆润笔直的脖子。胸脯高挺但没有腰身，行动敏捷但不够优雅，毫无气质可言……"可能因为她性格活泼，对潘宁产生了一定影响。但若说她不仅使他摆脱了懒散，还使他丢开了惯有的谨慎而投身一份极度危险的事业，这似乎不太可信。况且叶卡捷琳娜竟然会把自己的利益、命运、儿子、野心及她的性命一并交到这个十八岁的谋事者手中，我们认为这完全不可能。公爵夫人在回忆录中提到过自己最初的建议是如何被接受的。那是在伊丽莎白女皇逝世前不久的一个冬夜，叶卡捷琳娜已经就寝，突然看到自己的朋友达什柯夫公爵夫人来了。不知因为恐惧还是寒冷，公爵夫人瑟瑟发抖，说叶卡捷琳娜身边已经产生了极大的威胁，并请求她相信自己。她急切地想知道叶卡捷琳娜的计划和指示。叶卡捷琳娜生怕她感冒，就让她在自己身边先躺下，帮她盖上被子，温柔地建议她尽快回到自己的房间去，没有什么可害怕的，她也没有计划，一切听天由命。

　　事实上，后来政变的几位中心人物，此刻谁也没有料到有大事发生，对一切迹象没有产生任何怀疑。达什柯夫公爵夫人后来承认，起事者自己都不清楚是怎么发生的。她说：

"不论是女皇还是其他人都没有意识到这一点。政变前三个小时大家都觉得可能要再等上三年呢。"

似乎直到最后一刻，他们都没有拿出一个确定的计划或任何明确的想法，不知道该遵循什么路线，不知道采取什么方式达到目的。如何打倒彼得而让叶卡捷琳娜继位？没人知道。奥达尔多次给贝伦杰的机密文件中提到要抓捕彼得，不过都没成功。可想而知，他们完全是在冒进。达什柯夫公爵夫人倒是拉拢了几个军官，奥洛夫兄弟也在军营里大范围地宣传行动和收买将士。德布列特男爵最终决定借钱给他们，但一直以来他们都不缺钱。3月初，格里戈利·奥洛夫成了炮兵司令。炮兵司令前不久去世了，由法国人维尔布阿继任，但由于他过于关注叶卡捷琳娜而被伊丽莎白女皇免职。奥洛夫任司令很有可能是叶卡捷琳娜的安排，否则一个如此年轻的军官是无法胜任这个重要职位的。维尔布阿的副将布赫努发现奥洛夫有叶卡捷琳娜撑腰，就对奥洛夫点头哈腰。奥洛夫无所顾忌地支配着军饷，这样每个近卫团就能招到至少99名士兵，包括伊兹梅洛夫斯基近卫团、谢苗诺夫斯基近卫团、普列奥布拉任斯基近卫团和波将金手中的近卫骑兵团。

叶卡捷琳娜有时会亲自出面帮助自己手下的人，不过总的来说她在这方面还算谨慎。奥洛夫争取过来的其中一名榴弹兵斯特沃洛夫希望同叶卡捷琳娜约定，当她在花园散步的时候，他会在那里请求吻她的手，以此为标记证明确有此事。叶卡捷琳娜欣然接受，因为这对她来说没有什么风险。她说：

"反正大家都要吻我的手。"这名朴实的士兵深受感动，当他吻她的手背时激动得热泪盈眶。

对这次政变最没有信心的，可能还是叶卡捷琳娜自己。她说伊丽莎白去世之后一直有人给她建议，但直到彼得那次当众羞辱她，并且蛮横刻薄得想要将她抓起来之后，她才开始认真考虑这些建议。这是 6 月 21 日发生的事，也就是在政变的几周前。即便如此，直到政变发生的时候，她都没有积极参加身边人谋划的行动。直到最后关头，她都在克制自己的态度和举止，不得不令人钦佩。她总是采取和彼得相反的态度来缓和他的攻击性，在人前突出他的恶劣，因此她能成为有史以来最优秀的政治演员之一。伊丽莎白去世的时候，需要按照东正教和宫廷礼仪安葬遗体，这位新皇帝就又有机会展示自己奇葩而粗鲁的丑态，实在有失体统。叶卡捷琳娜表现出的尊敬和孝心却赢得所有人的好感和同情。

德布列特男爵写道："按东正教的规定，伊丽莎白女皇的葬礼复杂且迷信。她（叶卡捷琳娜）大概会在心里讥笑这样的仪式，但在场没有比她更热心张罗的人了，教会和人民都认为她是真情表露而倍感欣慰。"

那段时间她一直穿着丧服，还有人给她画了穿丧服的画像。她严格遵守着所有彼得绝对蔑视的宗教仪式、斋戒和活动。在圣三主日那天，所有人都在教堂里举行庄严的礼拜，奥地利大使却发现彼得竟然肆无忌惮地在圣殿里走来走去，在仪式中大声地冲侍者说话。而叶卡捷琳娜则静立一旁，一心一意地做祷告。

日益暴戾的彼得经常忘乎所以，当众殴打随从，一些高级官员和忠实的追随者也在所难免。纳里希金、麦里古诺夫、沃柯夫都接连遭受过这种差辱。相反叶卡捷琳娜就显得十分可爱，所有接触过她的人都称赞她平易近人、举止优雅。她本人就是皇帝残暴行为的受害者之一，却始终保持温和敦厚的仪态，既能激发人们的同情，又不至于使这种同情沦为怜悯和轻视。在那场众所周知的宴会上，叶卡捷琳娜洒了几滴眼泪，已足以引起目击者的同情。后来她转身请求斯特洛格诺夫伯爵说一些愉快的事情，好让她开心，也可以分散大家的注意。

有时候她会掩藏自己的情绪，看上去对彼得亲切体贴，以至于一时的外交报告中都提到了帝后之间不同寻常的和谐气氛。叶卡捷琳娜会一团和气地出席彼得的晚宴，坚忍地待在烟味缭绕的室内，忍受着德国人身上剧烈的酒气和醉鬼的低级玩笑。之前提到过，叶卡捷琳娜怀孕了，这是她的关键时刻，必须想尽办法掩人耳目，特别是彼得。据说，在她分娩那天，她最忠实的仆人施库林在彼得郊外的行宫放了一把火，以便转移注意。彼得赶了过去，自然为了视察一下这个场面，骂骂周围的人，挥挥手中的藤鞭。他的党羽也跟着一起去了。叶卡捷琳娜于 4 月 23 日诞下一名男婴，取名为鲍勃林斯基，后来发展成了俄国的一支名门望族。不久之后，有大臣夸赞皇后气色不错，在人群中甚是耀眼。她说："您一定不会知道，为了保持好气色我要付出多大代价。"

　　但是她未来将去向何处？大概她自己都不清楚。毫无疑问的是，她的秘密策划者们总有一天将见诸天日，引发剧变。荒诞的彼得会陷入危机，接着就轮到她上场了。那时她一定会毫不犹豫。而现在，正如她对达什柯夫公爵夫人所说，一切听天由命。腓特烈认为叶卡捷琳娜没有比这更好的出路，后来回想起这个时期，他说："她当时什么也处理不好，只能将自己寄托给愿意拯救她的人。"叶卡捷琳娜还不太懂得玩弄权术，也缺乏将一桩事业进行到底所需的谨慎性和灵活性。但她真正的优越性在于她的禀性，这是她一直以来赖以生存的资本，连腓特烈都不得不承认她具有这种力量。现在，叶卡捷琳娜把自己交给奥洛夫，后来又将自己托付给波将金，准确来说，这种做法是把命运交给了上天。奥洛夫是上天赐予她的好运，波将金也是她碰上的好运和天才，后来的祖伯夫就成了她的灾难。但是叶卡捷琳娜依旧很伟大。这一刻，她是上天钦定的赢家。但是她的成功不仅仅是靠机缘，也是她所反抗的人帮了她大忙。腓特烈谈到彼得三世时说："他就像轻易被打发上床睡觉的孩子一样轻易地让人赶下了皇位。"

第三章 胜利

1

6月24日，彼得从圣彼得堡前往奥拉宁鲍姆宫。两日前，他举行了一场五百人的盛大宴会，晚宴之后放起了焰火，欢庆俄普签订和平条约。宴会持续到第二天，还有一小部分人跟到奥拉宁鲍姆宫继续庆祝。彼得此次在夏宫没有久留，他要回到波美拉尼亚军队与丹麦人作战。只要能在更大的战场中为自己赢得荣耀，不管新盟友叫他上哪儿，他都要去。他打算在6月底动身，海军舰队却在此时因受疾病袭击而人员锐减，没有做好出航的准备，但是彼得并未因此手足无措。他颁布旨令，要求士兵们迅速恢复状态。

穷兵黩武的彼得给他的盟友带来一丝不安，尤其是腓特烈。腓特烈的使者高兹男爵和施威林伯爵也为此告诫过彼得，他连皇帝的宝座还未坐稳，甚至还未加冕，就先离开自己的国家和首都，这样不是谨慎明智之举，毕竟俄国是个非常注重仪式的国家。腓特烈个人坚持让彼得在着手任何大事之前，应先去莫斯科完成加冕礼。但彼得不肯听取任何意见，他说："谁能够使俄国人民臣服，就已经得到了他们的心。"他自认为已经做到了。

并且在他看来，造事者都在他的严密掌控之中。有人向他告发了奥洛夫兄弟。佩尔费列夫中尉听从彼得差遣，替他密切监视着奥洛夫五兄弟，欲将其玩弄于股掌之中。可实际上，被玩弄于股掌之中的是中尉自己。奥洛夫兄弟并不相信他，重要关头还跟他开了个大玩笑。

6月29日，粗心的彼得将叶卡捷琳娜独自一人留在圣彼得堡，她只得自己在这里避暑。彼得命令她住彼得霍夫，因为奥拉宁鲍姆宫是沃伦佐娃在管理。小保罗则被留在圣彼得堡，交由潘宁照料。不过，彼得还是希望在出发前看到叶卡捷琳娜，便将出发日期推迟了，他想在彼得霍夫庆祝7月10日（俄历6月29日）的命名日[1]以及第二天皇后要为他举办的盛大欢送会。彼得带了一大队人马，其中包括十七个女人，路上走得很慢，直到凌晨两点才到达彼得霍夫。到了之后他却惊讶地发现宫里空空荡荡的，只剩几名战战兢兢的仆人。

"皇后呢？"

"走了！"

1　命名日是纪念和本人同名的圣徒日，主要在一些天主教、东正教国家盛行。

"去哪儿了？"

没有人说得上来，或者说没有人愿意回答。一个农民走过来，递给皇帝一张纸，是彼得以前的法国近侍伯列桑写来的信，说皇后一早就抵达圣彼得堡，宣布自己是唯一和绝对的国君。彼得不敢相信自己的眼睛，他发狂般地冲进空无一人的房间，搜查每个角落，又冲进花园不停地大喊叶卡捷琳娜的名字。受到惊吓的随从们手足无措地跟着他进行无益的搜寻，最终只能在事实面前认输。

期间究竟发生了什么事，没有人说得清。达什柯夫公爵夫人的证词有很多疑点，叶卡捷琳娜自己的描述无从考证。7月8日或9日夜里，奥洛夫兄弟之一叫醒了叶卡捷琳娜的朋友达什柯夫公爵夫人，通知她，起事者之一的巴谢克上尉已经被捕。事情败露，所有参与其中的人都要遭殃。公爵夫人毫不犹豫地提醒伊兹梅洛夫斯基近卫团做好迎接皇后的准备，一面派人去彼得霍夫请叶卡捷琳娜。然而奥洛夫兄弟此时还是产生了一点犹疑，最小的弟弟西奥多几个小时后去找了公爵夫人，提出反对，认为这样冒进为时尚早。公爵夫人愤怒地斥责他们是在耽误时间，最后西奥多和所有兄弟服从了她的命令。以上是公爵夫人方面的说法，而叶卡捷琳娜的说法则不一样。几年以后，叶卡捷琳娜斥责伊凡·苏沃洛夫是"最卑鄙无耻的人"，因为他竟然写信给伏尔泰说"俄国政府是由一名十九岁的小姑娘改换的"。她称奥洛夫兄弟不会听命于一个幼稚的小女孩，最后关头他们其实"一直将重要消息瞒着她"。所有行动都是叶卡捷琳娜亲自、独自指点的，并且早在事发前六个月就商量好了计划。但是这话就很奇怪，因为叶卡捷琳娜自己也曾说过，她真正重视这次事件是在彼得公开侮辱她之后，也就是事发三周前。

所以具体情况不得而知，女人之间总会因为彼此嫉妒而发生争论。也许两个人说的都是实话，只是她们多年后回忆起来，往事已如迷雾般朦胧，都认为是自己起了重要作用。也有可能巴谢克上尉被捕只是一场意外，加速了整个进程，起事者只得铤而走险。但可以肯定的是，7月9日清晨五点钟，阿列克谢·奥洛夫确实出现在彼得霍夫，将叶卡捷琳娜带去了圣彼得堡。

阿列克谢·奥洛夫进来的时候，她还在沉睡。可见他们之间并没有商量好一切事宜，她一点准备也没有。奥洛夫是个典型的俄国人，为了理解接下来的场景，我们必须先对俄罗斯这个民族做一番了解。现在我们也会遇到很多这样的俄国人，他们从来不会将一件事情复杂化，思考过程和表达方式都非常简单，有一说一，有二说二，谈话总是直奔主题。在遇到普通事情和危急情况的时刻，他们说话的语调和方式都是一样的，就像单弦琴一样没有太多变化。如果月亮从天上掉下来，莫斯科的农民一定会对你说："月亮掉下来了。"语气就如同在说他家的牛产了崽一样淡定。所以事发的时候，阿列克谢只是摇醒了叶卡捷琳娜，对她说道："您该起床了，就等您登上皇位了。"叶卡捷琳娜让他解释清楚，他说道："巴谢克上尉被捕了。您必须跟我走。"仅此而已。她匆匆忙忙穿上衣服，还没来得及喷香水就跳上了马车。一名女侍者坐在她身旁，奥洛夫骑在马上，施库林则跟在后面，马车全速向圣彼得堡驶去。他们在半路上遇到了皇后的法国理发师米歇尔，他正照例前往叶卡捷琳娜的官里为她梳妆，他们也把他带走了。

路途有将近二十俄里，他们的马已经跑了一趟，回程几乎没什么劲儿了。事先没有一个人想到预备几匹置换的马，这一疏忽差点断送了他们的伟大事业。幸好途中遇到了驾马车的农民，他的两匹马救了叶卡捷琳娜，为她赢得皇冠出了不少力。格里戈利·奥洛夫和巴略汀斯基公爵在圣彼得堡城外五俄里处焦急地等待着，叶卡捷琳娜到的时候换乘了他们的马车，最终到达了伊兹梅洛夫斯基近卫团的兵营。

历史学家呼列尔写道："为了统治世界上最大的国家，叶卡捷琳娜被军官唤醒上了路，带着一名近侍和理发师，借了农民的马，在情人的保驾护航下成功在早晨六七点到达圣彼得堡。"

当时就只有十二个人在场。尽管阿列克谢·奥洛夫做过保证，实际上却什么也没有准备。兵营里擂了一通鼓，士兵们半裸着身子，睡眼惺忪地从营房中赶出来。首长命令他们高呼"女皇万岁"，士兵们还以为马上就有酒喝了，让他们喊什么，他们就喊什么。接着两名士兵被派去请神父，神父很快就被这两名士兵夹在中间带来了，他也照要求做了他该做的。神父举起十字架，口中念着誓词，士兵们全体鞠躬。就这样，女皇加冕完成。

那不勒斯人卡拉乔利说："俄国的皇位不是继承的，不是选举出来的，是夺来的。"

在登基诏书中没有提及小保罗，只宣布叶卡捷琳娜是唯一绝对专制君主。这跟潘宁的打算背道而驰，但在这个时刻，潘宁不知身在何处，也没有人顾虑那么多了。

赫尔岑[1]说："一群寡头政治家、外国人、起义军和迷你兵团忙了一整夜，将她拥上皇位，高呼万岁，对一切反对这个名字的人则毫不留情地施以拳脚。"

只有普列奥布拉任斯基近卫团对此表示抗议。彼得情妇的哥哥西蒙·沃伦佐夫在这支近卫团中领导一个连队，他是肯定不会背叛自己妹妹的，更何况他确实是一位尽职尽责的军人。因此只有普列奥布拉任斯基近卫团对此表示抗议。他向士兵们发表了一番演说，沃叶柯夫少校支持他的立场，他们率领着整个军团坚决抵抗叶卡捷琳娜的叛军。两支队伍在喀山圣母大教堂外相遇，叶卡捷琳娜虽说占了数量上的优势，但她的手下却是一群乌合之众。而普列奥布拉任斯基近卫团则队列整齐，严阵以待。这样看来，这一天的命运还没有定数。

不过，叶卡捷琳娜走了好运。皇室军团与叛军之间只差几步就要兵刃相交，此时，西蒙·沃伦佐夫队列中的一名战友突然大喊："女皇万岁！"这一声仿佛一枚信号弹。整个军

1　1812—1870 年，俄国哲学家、作家、革命家。

团都跟着大喊起来，紧张瞬间散作一气，冲上去拥抱对面的战友。他们指责长官，并请求女皇宽恕没能立即接驾。沃叶柯夫和沃伦佐夫只能放下武器待捕。叶卡捷琳娜宽赦了他们，但她从来没有忘记这个场景。沃伦佐夫只能退出军队，尽管他品德高尚，功勋卓著，最后还是一无所获。他被任命为驻伦敦大使，相当于被流放，但起码颜面尚存。

后来，大家都赶去了喀山圣母大教堂，叶卡捷琳娜在此宣誓忠于自己的新身份。不久，潘宁来了。据说穿着睡衣的小保罗就在他的马车里。这么说来小保罗还参加了推翻自己皇位的活动，因为此刻他们剥夺了（至少是暂时剥夺了）依法应属于他的政权。叶卡捷琳娜从教堂前往冬宫，这是她无

意大利画家斯捷法诺的作品，1762 年 9 月 22 日叶卡捷琳娜二世加冕登基

数次蒙羞的地方，但现在这里只有对她卑躬屈膝的人。枢密院和宗教会议的成员也出席了，在场的还有国务大臣，他的出现让叶卡捷琳娜感到意外。国务大臣还不清楚发生了什么，天真地问她为什么离开了彼得霍夫。她没有回答，只是做了个手势让人将他带走。他被要求去教堂宣誓效忠女皇，他只能跟着去了。

最后，自认为是这场密谋伟大策划者的达什柯夫公爵夫人来了，她用手扒开人群挤了进来，气喘吁吁，情绪激动。当天，她的马车进不去宫里，但是她自己说，起事的英雄士兵们将她举在肩膀上抬了进来。她的衣服和发型都弄乱了，但她觉得自尊得到了补偿，可是女皇与她的谈话比她想象的要简短随意得多。现在还没到温情的时刻，也不是举办隆重仪式的时候，他们有严肃的事情尚待处理。

首先，这次事件起源于一群年轻人非凡的热情和勇气，但是缺少一个严肃的仪式。一份正式声明是有必要的，女皇便将此事委托给国务办公室的捷普洛夫。为什么不委托潘宁呢？对这个问题现在出现了很多解释。他不知道在这个时候勇于为自己的想法和他的学生小保罗挺身而出，到底合不合适。有一个说法是，叶卡捷琳娜保证在保罗成年后归还政权，但伊兹梅洛夫斯基近卫团的军官们不同意。另一种说法是，潘宁拟定了归还政权的文件之后叶卡捷琳娜签了字。这份文件被交至枢密院的档案馆储存，但后来被奥洛夫兄弟（也有说是沃伦佐夫）取了回来，交给了叶卡捷琳娜。后面这个说法不太可信，因为潘宁绝对不会轻易相信这种让步，而使自己被一纸虚假承诺欺骗。历史告诉他，安娜女皇继承皇位时也签署过一份承诺，六周之后就绝口不提这件事了。

捷普洛夫起草的诏书被印了出来，向人们宣读了一遍。人们高呼："女皇万岁！"叶卡捷琳娜随即检阅了军队，士兵们又高呼了一次"女皇万岁"。新的政权就算是建立了，一滴血都没流，只是个别地方出现了暴乱。荷尔斯泰因的乔治公爵的房子遭到了袭击和掠夺，公爵夫人手上的戒指也被士兵夺了下来。还有士兵捣毁了一些商店，拿着店里的酒大喝一顿，一名酒贩因此损失了近四千卢布的酒。所有的受害者索要的赔偿金额达两万四千卢布，还算不上惊人。当夜幕降临的时候，从陶醉中醒来的叶卡捷琳娜和她身边的人回想起整个经过，一种不安感油然而生。如今，政权已经夺过来，但很多事情还没有眉目，如果这时彼得反咬一口，可能一切努力将付之东流。

彼得有这个能力吗？答案肯定是，有。潘宁当时就在考虑这个问题。彼得手下有将近 1500 名荷尔斯泰因士兵，这是一支颇具实力的队伍，他们誓死守护彼得和军队的利益。这支军队由米尼赫上将率领，他是全俄国最优秀的军人，同时也是这个时代最伟大的将领之一。当初是彼得将他从西伯利亚召回的，他绝对不会背叛自己的恩人。叶卡捷琳娜手下只有助她加冕的四支近卫团。而俄国主要军力还驻守在波美拉尼亚，暂时不听命于任何一边，确切来说，他们应该是听皇帝调遣的。如果彼得想对抗到底并且争取到了时间，再加之常胜将军的支持，波美拉尼亚军队还会不服从他的命令前来救援吗？士兵们乐于见到的场面就是皇帝准备在新的战事中御驾亲征，尤其是对于刚赢得一连串胜利的士兵来说。到目前为止，彼得只是触怒了近卫团，而其他军队向来都嫉妒近卫团的特权。另外，奥洛夫兄弟暂时还没有产生更大的影响力。所以这个问题很严峻。

这个时候的彼得身在何处？他在思考着些什么呢？

2

当彼得发现叶卡捷琳娜不在彼得霍夫的时候，他还不肯承认现实，也没有意识到自己的悲剧。他的线人佩尔费列夫中尉为了时刻观察格里戈利·奥洛夫的动向，整晚都在和他打牌，所以没能预先警告彼得。彼得决定派人去侦查情况，他有很多手下，沃伦佐夫、特鲁别兹柯依、亚历山大·苏沃洛夫都请求前往圣彼得堡，但最后一个也没回来。只有一名告了一天假的荷尔斯泰因士兵正好从圣彼得堡回来，向彼得证实了这个消息。此时已经是凌晨三点，彼得又做了一项决定。他传来沃柯夫，命令他起草几份诏书以示反抗。彼得接受了米尼赫上将的建议，派德副官维埃尔伯爵去了喀琅施塔得[1]，以把守这个重要据点。一个小时后，彼得意识到自己的士兵身份，便穿上昔日的军装，将留守在奥拉宁堡的军队召

---

1 1723 年前称"喀琅施洛特"，是俄罗斯重要军港，在芬兰湾东端科特林岛，东距圣彼得堡 29 千米。

来。他打算增强彼得霍夫的兵力，在此设防抵抗暴乱。荷尔斯泰因军队晚上八点钟赶到，彼得已经改变心意。米尼赫上将不敢保证彼得霍夫方面能顶住围攻，他心中有了盘算，认为与其派人去喀琅施塔得，他们自己带部队过去更好。彼得突然转过身，同意了他的计划。天完全黑了，他们离开了彼得霍夫，仿佛是去参加一次愉快的宴会。他们有一艘快艇，快艇上还有一支桨的帆船，皇帝的男女侍从都跟了上去。他们到达喀琅施塔得已经是凌晨一点。

"谁？"一名哨兵在堡垒上喊道。

"皇帝陛下。"

"现在已经没有皇帝了！走开！"叶卡捷琳娜派来的使者塔雷辛海军上将喝住了德维埃尔伯爵。

米尼赫上将没有灰心，他与古多维奇力劝彼得强行登陆。他们向彼得保证对方不敢开枪，但是彼得已经吓得躲进了船舱，妇女们尖叫连连。他们的快艇不得不掉头离开。

米尼赫又想出一个计划，就是去雷维尔港，乘坐军舰去波美拉尼亚，这样彼得就能指挥他在波美拉尼亚的军队。

"陛下，我以我项上人头保证，只要您这么做，六周之后，圣彼得堡和整个俄国还将匍匐在您脚下。"这名老兵说道。

可是彼得已经筋疲力尽，一心只想回到奥拉宁堡，同对方谈判。最后，他们返回了奥拉宁堡。他们又接到一个出人意料的消息：叶卡捷琳娜已经离开圣彼得堡，欲与几个近卫团一起迎击彼得和他的荷尔斯泰因军队。

叶卡捷琳娜的进军很顺利。她穿着普列奥布拉任斯基近卫团榴弹兵的制服，头戴装点着橡树叶和貂皮的皇冠，一头长发随风飞扬，骑马驶在队伍前列。和她并肩策马、身穿一样军装的是达什柯夫公爵。得意的士兵们早已脱下彼得三世给他们定

丹麦画家埃里克森的作品《骑马的叶卡捷琳娜二世》

制的军服，要么毁坏，要么卖给了二手商人。他们又穿上了彼得大帝曾经为他们定制的军服，其实那也是按照德国样式做的，但在他们看来这才是俄国自己的军服。他们想跟荷尔斯泰因军队好好较量一番。

作战的愿望没有实现。叶卡捷琳娜的军队行军了一夜，凌晨五点的时候，信使亚历山大·加利津带着彼得的休战旗到了。皇帝说可以同叶卡捷琳娜平分政权，而她不屑回答。一个小时过后，她又收到了丈夫的退位诏书。她便停留在彼得霍夫，彼得也被带来了。潘宁受命去告知彼得叶卡捷琳娜女皇最后的决定，却看见彼得十分狼狈。他拽着潘宁的手，请求不要将他与自己的情妇分开，活像个受了惩罚不停哭喊

着的孩子。沃伦佐娃爬到女皇信使的膝下，也请求同彼得待在一起。女皇最终还是将他们分开了。沃伦佐娃被送往莫斯科，彼得则被关押在彼得霍夫二十英里外的洛普夏宫，叶卡捷琳娜称其是"一个偏僻但舒适的地方"。等到在俄国的巴士底狱[1]——施吕瑟尔堡要塞监狱为他觅得合适的栖身之所之前，他就暂时待在此地。

7月14号，即第二日，叶卡捷琳娜正式入主圣彼得堡。她在彼得霍夫只停留了几个小时，但从起义以来这短短时间内，她完成了不少事情。达什柯夫公爵夫人后来在回忆录中提起过一个发现，令她觉得既悲伤又惊讶，忍不住感慨自己这点谋略实在微不足道。有一次，她去参加叶卡捷琳娜女皇的晚宴，却看见格里戈利·奥洛夫伸直身子躺在女皇的沙发上，前面有一堆加密公文，漫不经心的奥洛夫正准备打开。

"你在干什么？"公爵夫人喝道。她认得出这是国务办公室送来的文件，以前她在叔父那儿见过很多次，她说："除了女皇本人和钦定的人，谁也没有资格打开这些文件。"

"没错，"奥洛夫一边拆，一边轻蔑地回答，"是女皇陛下让我看的。"他看上去对自己的任务有点不耐烦，正想尽快看完。

公爵夫人大吃一惊，不过还有更吃惊的事情等着她。在房间的一头有一张餐桌，共三个位置。女皇进来之后，邀请

---

[1] 巴士底狱是一座非常坚固的要塞。它是根据法国国王查理五世的命令，按照12世纪著名的军事城堡的样式建造起来的，是控制巴黎的制高点和关押政治犯的监狱。

公爵夫人坐在她身边的位置。另一个座位是奥洛夫的，而他却一动不动。女皇就让人将桌子移到了沙发边上，自己和公爵夫人一起坐到他对面，奥洛夫照样躺着。原来他是腿负伤了。

由此可见，他与新国君之间的关系非同寻常。也许这就是"宠臣当道"的开始。

3

叶卡捷琳娜在圣彼得堡还要接受更严酷的考验。就在她从彼得霍夫回来的当晚，宫殿外面人声嘈杂。伊兹梅洛夫斯基近卫团的士兵们从军营跑来求见，好确认他们的女皇安然无恙。叶卡捷琳娜只得从床上起来，穿上军服，好让他们放心。

后来她给波尼亚托夫斯基写信的时候说："您要来俄国的阻力，我不能也不想告诉您……以我现在的处境，就连一个最低级的士兵见了我都认为女皇是他一手捧起的。所以看到您的来信，我着实吓了一大跳。"

她的为人处事得到大家的钦佩，但现在的局势依然充满困难和危险。不管是在政变的准备还是执行阶段，她都没能表现出自己作为野心勃勃的领袖应当具备的眼光与谋略，不过她却勇敢、冷静、有决心、有影响力，当政之后她的一举一动无不显示着这些特点。在圣彼得堡期间，所有见证人一致赞扬她遇事镇定自若，和蔼可亲却不失威严。

为了征服人心，她一开始必须要将自己打造成一位亲切慷慨的女皇。效忠于自己的人她要大力嘉奖，当政头几个月，她打赏的财宝像帕克托洛斯河一样，源源不断地流入为她建功立业的人手中。截至 1762 年 11 月 16 日，不算上以实物、土地和农奴充当的恩赏，其他的赏赐已经达到 795622 卢布（约合当时 400 万法郎）。当时国库空虚，实际到手的赏赐还会少一些。格里戈利·奥洛夫本应得到 50000 卢布，最终到手的只有 3000 卢布。达什柯夫公爵夫人得的较多，有 25000 卢布。参与政变的近卫团得到了半年的薪俸，共 225850 卢布。士兵们拿到的更少，但是 7 月 12 日那天已经请他们喝足了酒，因此，在他们身上总共花费了 41000 卢布（约合当时 20 万法郎）。

不在圣彼得堡的人，叶卡捷琳娜也没有忘记。她第一个想到的便是前国务大臣别斯图热夫，她派信使去通知他这些事情，并邀请他重返圣彼得堡。

别斯图热夫应召而至，叶卡捷琳娜非常热情地迎接了他，对他和他所做的贡献赞不绝口，一有问题就去征询他的意见。如今，别斯图热夫不仅想回到原来的地位，甚至还想得到比在伊丽莎白手下做事时更大的权力。可惜他打错主意了。

叶卡捷琳娜上台以后，还是有很多人的希望幻灭了，米尼赫上将就是其中之一。政变后，他很快就对女皇投降并表示效忠了。见女皇没有开罪于他的意思，他表示协助彼得一事只是尽了自己的本分。他大方地谈到了这一点，女皇就大方地倾听了他的想法。但是叶卡捷琳娜对他就如同别斯图热夫一样，总是礼貌地回避。在她看来，新君还是要任用新人。

另外一个感到无比失望的是达什柯夫公爵夫人。她把叶卡捷琳娜的统治想象成了一出舞台剧，而她就是那个策马在前、指挥着整个榴弹兵部队的首领，以为整个帝国的命运都掌握在她的手里。她迷恋权谋、军服和阅兵带给她的感觉。让她感到失望的是，女皇既没有对她论功行赏，也没有量才而用。后来，她沉浸在充满幻想、虚荣和狂妄自大的世界，扰乱了自己的生活，也给女皇造成了不少麻烦。

叶卡捷琳娜差点还让一个人也产生不满，这人就是贝茨基将军，他曾经受命向奥洛夫征募来的士兵发放赏钱。政变四天后，他来求见女皇。叶卡捷琳娜以为他是来表达感谢的，但是贝茨基却跪在地上不肯起来，当着所有人的面，请求女皇告诉大家，她头上的皇冠该归功于谁。

"应当归功于上帝的旨意和臣民的选择。"叶卡捷琳娜简单地回答。

听到这个说法，贝茨基站了起来，忧伤地将身上的勋章绶带取下来。

"您要干什么？"

"我不配再戴这些勋章，因为他们没有得到陛下的承认。为协助陛下建立政权，我发动近卫团，招兵买马，却只得到陛下的否定。我是何其不幸！"

女皇顺势将他的话当作一个玩笑："好，我承认这顶皇冠是您给的。现在我也希望从您手中接过它。所以我决定将这顶皇冠交给您，请您务必将其打造得尽善尽美。俄国所有珠宝工匠任您差遣。"

贝茨基对此感到很满意,便将这件差事揽了下来,他要在庆典之前准备好皇冠。

总之,叶卡捷琳娜对朋友算得上慷慨大方,对敌人也算得上仁慈宽厚。她的新王朝开了个好头。在首都圣彼得堡,人们以极大热情庆祝她登上皇位,其他边远地区很快也接到消息,愉快地庆祝女皇登基。

7月18日,一个满身汗水和尘土,衣衫不整的人突然闯入了她的更衣室,她仔细一看发现是阿列克谢·奥洛夫。他从洛普夏宫快马加鞭地带来了彼得三世去世的消息。

4

彼得之死扑朔迷离。要研究俄国历史上重大事件的真相,比研究欧洲任何一个国家都难。花岗岩的宫墙厚不可穿,宫里的人守口如瓶。彼得十分轻易就向命运妥协了,他最后只提出三个要求:带上他的情妇、猴子和小提琴。他终日抽烟酗酒,7月18日,人们发现他死在了宫里。我们所知的,仅此而已。

彼得死前遭受过暴力,这一点是毫无疑问的。法国大使贝伦杰在给法国大公写信时说他可以证明大家的想法是有根据的。按照规矩,彼得的遗体会在葬礼上对外公开。贝伦杰心知去参加葬礼的人都是指定的,外交使团未受邀请,贝伦杰没有见到遗体,但他有几名心腹出席了。他们的报告证实了人们的疑点。据说,这位不幸的皇帝遗体发黑,"皮肤有血迹渗出，血污甚至还渗过了他的手套"。有人按照习俗亲吻了死者的嘴唇，这些人回去之后嘴唇都肿了。

至于谋杀手段，有人说是他喝的勃艮第酒有毒，也有人说他是被勒死的。大部分人认为阿列克谢·奥洛夫是主谋，甚至可能是他亲手杀死了彼得。但还有一种不同的说法，即奥洛夫与此事没有关系，真正的主谋是捷普洛夫。他指挥一名驻俄瑞典军官施瓦诺维茨用系枪的皮带将彼得勒死，并且事发时间是 7 月 15 日而非 18 日，将消息带至圣彼得堡的人也不是奥洛夫，而是巴略汀斯基。

是奥洛夫还是捷普洛夫干的，这个问题看似微不足道，实则不然。假如捷普洛夫是教唆者，那么必然是受了叶卡捷琳娜的指使。如果没有她的首肯，捷普洛夫是不可能行动的。但如果是阿列克谢·奥洛夫干的，就是另外一回事了。可以说他同兄弟格里戈利在这段时间里是掌握大局的，他们在危急自身存亡的关头有选择的主动权。他们发动政变的时候没有征询叶卡捷琳娜的意见，所以在这次暗杀中可能也没有征询过她的意见。

二十年后，腓特烈同赛居尔伯爵谈道："叶卡捷琳娜女皇对那次谋杀一无所知，因为她之前就预感到人们会因此事而责难她。当她听说这件事的时候确实很难过。"

说所有人都责难她可能太过夸张，但大部分人都相信了此事与叶卡捷琳娜有关。当时莱比锡的一份报纸将彼得之死同英王爱德华之死联系起来，英王曾经便是在狱中被妻子伊莎贝尔下令杀害的（1327年）。后来，达什柯夫公爵夫人的回忆录转变了社会舆论。她提到，叶卡捷琳娜女皇去世后，继承者保罗在女皇的文件中发现了阿列克谢·奥洛夫在彼得死后写给她的信，承认自己就是整个事件的策划者。皇帝保罗看了之后仰天长叹："感谢上帝！"不过，达什柯夫公爵夫人并没有亲眼见证上述场景。

　　这件事到了现代仍充满争论和猜想，迟迟无法真相大白，这也只能怪叶卡捷琳娜自己不出面澄清，她反而利用专制君主的特权，将一切真相留藏在黑暗之中。她不允许人们公开谈论这个悲剧，她紧急召开会议，决定24小时之内不准发布这个消息。会后她出现在宫里时，脸上没有表露出任何情绪。第二天，枢密院发布了彼得逝世的声明之后，她在随从面前放声痛哭，仿佛才听到消息一样震惊。

　　这个问题没有定论，但最后还有一个观点：不论是奥洛夫还是捷普洛夫或者其他任何人，都没有因洛普夏宫事件而被提交审讯。这样一来，所有罪行都指向了女皇，这件事肯定经过她同意了，就算她反对别人这么做，但最后并没追究谋杀的既成事实。她刚刚握住权杖的双手已经沾上鲜血，也许未来还会沾染更多。可是如果没有这些鲜血奠基，恐怕她也很难走向辉煌。不论她有什么缺陷，我们都必须承认叶卡捷琳娜女皇是伟大的。在历史上，她不论是作为一个女人还是一国之君，鲜有人能与之匹敌，而她治下的伟大民族至今都是无与伦比的。

在第一卷中，我们描述了叶卡捷琳娜是如何成长起来的，在第二卷中，我们将见证叶卡捷琳娜成长为一个怎样的人。

II
—

第二卷

女皇陛下

Chaprter I

第一部　一个女人

第一章　外貌性格气质

1

　　"我从不认为我是非常漂亮的，但我是讨人喜欢的，这是我的力量所在。"这是叶卡捷琳娜对自己的评价。在她一生中，总是有人将她比作克里奥帕特拉，不过她自己不承认。她对格里姆说："尽管我不是非常漂亮，可我相信美貌在任何时候都不是多余的，甚至是非常重要的。"她是真的不了解自己的美，还是出于低调谦逊，抑或是撒娇调皮呢？与她同时代的人异口同声地称赞她的美貌，我们很难不相信。这位"北方的塞米勒米斯"惊艳了整个 18 世纪后半期，到了 19 世纪初，她不仅成为权力、强盛和成功的化身，还拥有着受世人爱戴的女性气质。几乎在所有人的眼中，她高高在上，令人敬畏，除此之外，她也算得世界上最有魅力的女性之一。她是美貌与智慧并存的女皇，就像雅典娜和维纳斯一样。

与她同时代的人似乎将她奉为神明，以至于忽视了她身上的其他缺点。比如，很多见过女皇的人都说她身材高挑，鹤立鸡群。事实上，她只不过是中等略矮身材，有轻微发福的征兆。有人说她眼睛是棕色的，也有人说是蓝色的，呼列尔则调和了这两种说法，说女皇的眼睛是泛着蓝色光泽的棕色。呼列尔不是她的爱慕者，也不是她的追随者，在叶卡捷琳娜继位之前的一段时间，他是这样描述她的："她身材曼妙，梳着高贵的盘发，姿态高傲，温文尔雅。举手投足间无不透露着她的个人风范。她的脖颈修长，头总是抬得很高，这样的仪态让她美不可言，正是注意到自己这个优点，因而她总是昂首挺胸。她前额饱满，鼻子有点像鹰钩鼻。唇红齿白，显得明艳动人。下巴较长，虽然不胖，但略带双下巴。她肤如凝脂，一头栗色的头发甚是秀美，眼睛呈棕色，还散发着些许蓝色光泽。她的整张脸都透露出一股高傲劲儿，但她对人十分亲切友善。从那善于洞察人心的双眸中可以看出，她在极力地讨人喜欢。"

　　但是，俄国画家契米索夫在同一时期为叶卡捷琳娜画的画像则截然不同。在七月政变前后，叶卡捷琳娜就已经赏识波将金了，这幅画正是应波将金的请求而作。叶卡捷琳娜很欣赏契米索夫的画作，于是将他任命为自己的秘书。可是，在我们看来，契米索夫描绘的女皇与其他画家、雕塑家、回忆录作者所描绘的完全不同。在这张画像上，女皇的脸蛋好看且睿智，但是太过平庸。可能是穿着丧服的缘故，头发也很奇怪，遮住了前额跟眉毛，在头顶盘成一对蝙蝠翅膀的形状。她面带微笑，却略显僵硬，面相有点男性化。这简直像是打扮成一个修女的德国随军商人。根本不会让人联想到克里奥帕特拉！

是契米索夫欺骗了世人吗？还是叶卡捷琳娜不懂艺术？也许是吧，因为她后来对别人承认过自己对艺术一窍不通。几年之后，英国作家理查森也用文字描绘了叶卡捷琳娜，他有自己的思想和眼光，尽量使自己不受其他幻想的影响。他是这样描述的："俄国女皇身高中等，身材匀称，有轻微发福的迹象。尽管她面色红润，但

如俄国大部分女性一样，还是喜欢涂脂抹粉。她的嘴部线条很美，牙齿整齐洁白。一双蓝眼睛总像在仔细观察着什么，但眼神中既不是好奇，也不是挑衅。总的来说，她相貌端正，讨人喜欢。不能说她的长相充满男子气概，也不能说完全是女性气质，否则都有不妥。"

他的描述不全像契米索夫那般幼稚粗放。但是他们笔下

的叶卡捷琳娜有着一个共同点——男性气质。叶卡捷琳娜很在意自己画像上的一些细节，在她去世之前，她发现拉姆彼为她画的肖像上，鼻子旁边的一道皱纹让她的脸看起来十分生硬，就批评了这幅画和画师。拉姆彼就把那道皱纹擦掉了，于是画像上六十多岁的女皇变成了一位女神。至于改动后的作品是否令她满意，历史上没有更多记载。

莱因公爵第一次来访圣彼得堡时，叶卡捷琳娜问他："您眼中的我是什么样子？"那一年是1780年，女皇已经50岁。莱因公爵的印象是："风韵犹存。"一直以来，与其说她有吸引力，不如说是美丽动人。她的眼睛和微笑让前额显得不那么威严了。明眼人都知道，这个额头是智慧、果敢、镇定、公正、决断力的体现，

奥地利画家拉姆彼所画的《女皇叶卡捷琳娜二世》

并且具有很强的记忆力和想象力。她的下巴有点尖，但不那么明显，有一种贵族气质。脸不是规整的椭圆形，可能因为微笑充满了诚恳和欢乐，所以整个脸蛋都很讨喜。如果说她胸部丰满，多半是因为纤细腰肢的衬托，但在俄国，人们总

是很容易长胖。如果她没有将头发全部梳起，散着头发的样子一定更加迷人。基于以上内容，很少有人会注意到她个子不高。"

外交官赛居尔伯爵的印象同上述几乎一样，并且说："她肤色白皙，面色红润，这一点即使岁数大了也没有变。"对此，卡斯泰拉解释道："女皇在执政的最后几年里，用掉了大量的胭脂水粉。"但叶卡捷琳娜从来不承认这一点。她在1783年给格里姆写的一封信中说道："谢谢您捎来的几罐胭脂。但是胭脂的颜色太浓了，抹在我的脸上很吓人。虽然我很欣赏巴黎的品位，但还是要请您原谅我适应不了这种潮流。"

维热·勒布伦[1]对叶卡捷琳娜外貌的描述也许是最权威的一种，可惜的是她没有在叶卡捷琳娜风华正茂的年岁见过她。她没有因女皇为人、功绩等外部因素而刻意美化自己描绘的对象，具有较高的真实性。不过，叶卡捷琳娜没有同意她当场作画，所以她是根据自己的回忆下笔的："我听说女皇个子很高，第一次见面时，发现她比传说中矮小得多，我着实吃了一惊。身材发福了，但高高梳起的一头银丝衬托出依旧俊美的脸蛋。饱满的前额彰显着睿智，目光清澈柔和，鼻子是希腊式的……虽然身材矮小，但是盛典上的女皇昂首挺胸，目光如炬，浑身散发着一位统治者才有的沉着冷静的气质。她是那么威严，我觉得她就是全世界的女皇。她佩戴

1　伊丽莎白·路易丝·维热·勒布伦，1755年出生于法国，学肖像画成名后，被选为法兰西皇家绘画雕塑学院院士，1842年在巴黎逝世。

了三条勋章绶带，着装简约又不失大方。这是一件绣金的棉布束腰外衣，带着宽边多褶的袖子，外面套着一件短袖红丝绒斗篷。白色的头发上别着一顶帽子，上面镶有最稀罕耀眼的钻石。"叶卡捷琳娜从小就喜欢在人前扬起下巴，这成了她终身的习惯。正是这个缘故，很多人都高估了她的身高。

1795年，萨克森科堡[1]的公主第一次见到叶卡捷琳娜，在她看来这次见面不甚愉快，称女皇就和她印象中的老巫婆差不多。但是后来她改变了看法，一个劲儿地夸赞女皇"皮肤很好"，总的来说，"尽管她的疾病在国外引起了很多讨论，她看起来仍是一位健康活力的老人"。但是叶卡捷琳娜的身体一直都不是很好，经常头疼，且伴有腹痛。直到生命尽头，她都在嘲笑医学和医生，要让她吃药比什么都费劲。一天，她的医生罗杰森成功地喂她吃了几粒药，欣喜若狂的医生忘记了自己的身份，拍了拍女皇的肩膀喊道："太好了！"女皇丝毫没有责怪的意思。

到了晚年，她不戴眼镜已经看不了书了。听觉异常

著名俄国画家罗科托夫的叶卡捷琳娜二世侧面像

1　萨克森科堡哥达王朝是一个源自德国，曾经统治萨克森科堡哥达公国、比利时、葡萄牙、保加利亚和英国的欧洲王室。

敏锐，但有一个奇怪的特点——每只耳朵对于声响和音调的感知都不太一样，所以，无论她多么努力学习音乐，都还是欣赏不来。她完全感受不到和声。

有人说，她夜里常用来裹头的丝巾被拿去洗的时候，会闪现火花。她的被单也是如此。人们相信这种现象出自叶卡捷琳娜的肉身，由此可以看出她在同代人心目中的影响力有多大，以至于富兰克林[1]的神秘发现都撼动不了人们对她的印象。

2

1774 年，叶卡捷琳娜写信给格里姆："我可以告诉您，我没有您硬加在我身上的那些缺点，也不具备您认为我所拥有的那些优点。通常来说，我的本性应该是善良的，但天性使然，我也容易被强烈的欲望支配——这大概才是我的价值所在。"

在大事上，她的个人意志始终处于顽强而紧张的状态，力求"实现国家的利益"，并以异乎寻常的力量去追逐这个目标。在小事上，她喜欢支配一切却更加反复无常，因为她所谓的"利益"是不断变化的，从这个方面看来，她就是一个典型的女性形象。1767 年，她把全部精力都放在起草法令上，一心要为俄国制定出新的法律。她在自己的法令中毫不客气地引用了孟德斯鸠和贝卡利亚[2]，她认为这个作品将为

1　18 世纪伟大的科学家，美国独立运动领袖之一。1747—1753 年间，经过大量实验发现了静电的性质。
2　意大利经济学家、法理学家，代表作为《论犯罪与刑罚》。

俄国开辟新纪元。她热切地期盼将其付诸行动。困难随之而来，她的行动受到意料之外的耽搁，很快便对其失去了兴趣。1775 年，她又拟定了各省份的管理条例。她写道："我于 11 月 7 日制定的最新法律共 250 页。我敢保证，这是我最好的作品，之前我所制定的法令与之相比都成了一纸废话。"她迫不及待想把新杰作给熟人看。但是不到一年，她又对这件事冷淡下来。格里姆一直没有等到这份曾经答应要给他看的作品，就请求女皇赐稿。结果女皇不耐烦地说："他为什么一定要看这么无聊的东西呢？内容也许写得不错，但是的确冗长乏味呀。"一个月后，她彻底忘记了这件事。

她对人也是如此。总在突然之间狂热对人着迷，然后急不可耐地追逐目标，最后通常随之而来的就是完全的冷淡。她邀请到俄国的大多数杰出人物，除了狄德罗 [1]，都有过亲身感受。叶卡捷琳娜在位时，花费了二十年时间来装饰各个住处，这些地方依次成为过她心目中最爱的地方。1786 年，她突然在圣彼得堡附近相中一个本身没有什么独特优势的小地方。她立马授命俄国建筑师斯塔洛夫尽快在此地建一座宫殿，并写信对格里姆说："我所有的行宫和佩拉 [2] 相比简直像茅舍一样。而佩拉是浴火重生的凤凰。"

不知是出于常识还是锐利的直觉，她后来发现了自己在上述中的这些特点。1781 年，她写道："两日前我才发现自

---

1 法国启蒙思想家、唯物主义哲学家、作家，百科全书派的代表人物。
2 古希腊马其顿王国的首都，该城市曾在一场地震中被摧毁，又在一片颓圮败瓦中重建。

己是属于那种什么事都想做，但什么事都没做到底的人。"一年后，她又写道："我没有足够的时间去完成这一切，就像我的法律和管理条例一样，都开始做了，但什么也没有完成。"她又抱有幻想，补充道："如果我还能再活十年，一切工作都将尽善尽美。"大概又过了两年或者更久，她最终承认这不是时间的问题。她不无忧伤地说："直到最后，我才意识到自己积压了那么多未竟的事业。"她还称自己"蠢笨如猪"，甚至还不如波将金公爵懂得治理之道。

当她特别渴望去做一件事的时候，如果总能搞清楚自己想要什么，她就不是个女人了。这样的性格很难使她在管理上一成不变，可她的历史意义不在于此。

如果说她在俄国历史上发挥了重要作用，那很可能是因为她治理的是一支尚处发展阶段的年轻民族，她意识到了这一点。处于这个阶段的民族不需要有人领导，且多数情况下，不容易受一切领导力的影响。它本就拥有一股缘于自身的"推动力"，顺从这样的动力没有误入歧途的危险，唯一的危险就是，在还没来得及有所表现之前就无声无息地消失。如果在这个时候硬要掌控整个民族的走向，只会徒劳无功。叶卡捷琳娜懂得其中的道理，她只要时不时地刺激和鼓励一下就够了。她的动作就是一种兴奋剂，是一种惊人的力量。

在这方面，她完全能与历史上的伟大人物相媲美。她就像春天，总处于蓬勃而发的状态，不会对任何考验低头。1765 年 8 月，叶卡捷琳娜身子不舒服，卧床不起。谣言说她有孕在身，准备流产。尽管如此，她还安排了一次月底的军事演习，宣布自己届时将参加这次演习。她确实出席了。演习最后一天是"会战"，她在马背上待了五个钟头，通过她的副官给两军的布杜赫林元帅和加利津公爵传达指令，指挥着演习。她身边这位身穿镶着珠宝金胸甲的副官正是格里戈利·奥洛夫。几个月之后，首都出现暴乱，叶卡捷琳娜携奥洛夫、巴榭克和其他几名亲信连夜从皇村[1]骑马赶回圣彼得堡，亲自去视察了暴乱发生的街道，确保自己的命令得到执行。此时的叶卡捷琳娜尚未痊愈，吃不下东西，但她却认为自己表现很好，身体健康。一场庆祝接一场庆祝，还将法国剧团邀请到皇村来。

她从来不知疲倦、沮丧为何物。似乎她所面临的挑战越大，她的抵抗力越强。1791年，政情险恶，她不得不面对来自瑞典和土耳其双方的压力，并且与英国的关系随时可能破裂，她却表现得云淡风轻，像往常一样开着玩笑，劝大家赶快戒掉英国酒，改喝俄国酒。

什么是"无为而治"，什么是热情洋溢，什么是青春永驻，什么是激流勇进，什么是从不停息，这些在叶卡捷琳娜这里得到了完美诠释。

"勇往直前！不论在顺利的年代，还是艰险的年代，我都以此为座右铭。现在我年逾四十，眼前的灾难与我所经历

1　皇村位于圣彼得堡市南部约25千米处，意思是"沙皇的村落"，在200多年的时间内，这里一直是贵族们夏天的居住之所。

过的那些，又算得了什么呢？"这就是她一贯的态度。她并非天生冷漠无情、难以取悦，只是她意志坚强，不论情绪再怎么强烈，都可以控制其不外露，受到感情的妨碍时也能及时从中脱身。冷血并不是她的性格。1790 年 5 月，在俄国与瑞典的海战前，她整夜不眠不休，每一个人都跟着高度紧张。由于情绪焦躁紧绷，她患上了丹毒[1]，所有人为之落泪，包括她的首相贝斯勃洛柯。她一得知战斗开始，内心就恢复了平静，不管接下来有什么坏消息，她都不害怕。但只要她一焦虑就会病倒，并伴有腹绞痛。一日，总管赫拉波维奇发现她躺在沙发上，抱怨胸口疼，便说："陛下，这是天气引起的。"叶卡捷琳娜说："不。奥恰科夫马上要被我们拿下了，不是今天就是明天。我有预感。"她常常被预感欺骗，这一次也是，奥恰科夫是两个月之后才攻下的。路易十六被处决的时候，她也深感震惊，甚至卧床不起了。这一次，她没办法控制或掩饰自己的情绪，倒不是因为政治团结的情绪大受鼓舞，而是因为她的心脏非常容易受刺激。她不仅仅是"多愁善感"，也是对他人怀有同情和悲悯。

1776 年，她在儿媳去世后写道："我不记得喝水、吃饭、睡觉，也不记得是靠什么支撑过来的。有时候看着眼前的苦难，我心如刀割。"尽管如此，她还是记了很多的日常琐事，还会说上一些玩笑话，以此活跃与朋友之间的通信。当她冷

1　皮肤及皮下组织的一种急性炎症，常表现为境界清楚的局限性红肿热痛，多发于颜面及下肢，伴有头痛、发热等全身症状。

静下来，又会解释说：“到了周五，我又冷静下来。我这个经常爱哭的人现在面对死亡，一滴眼泪也没有流。我告诉自己，要是你流泪了，周围的人便会泣不成声，如果连你都泣不成声了，其他人就要哭晕过去了。大家都会失去理智。”

她从来没有丧失理智，她在其中一封书信中说，她从来不会昏头。为了给他人树立好的榜样，她随时可以牺牲自己的情绪。1790 年 8 月，她严肃表示要随军前往芬兰。后来她说：“如果需要我，即使还剩最后一支军队，我也将与之并肩作战，为国捐躯。我无所畏惧。”

1768 年，她是整个俄国第一批，甚至第一个接种牛痘的人。也许这在我们今天看来在人体上动刀动钻都不算复杂的手术了，但在那个时候，这确实是一种很有勇气的表现，是一个英勇的行为。所以她受到了同时代人的赞赏。只要翻阅一下当时被请来接种牛痘的英国人丁姆斯戴尔的笔记，就知道这个操作在当时有多么大的风险。1768 年 10 月 26 日，叶卡捷琳娜接种了牛痘，一周之后，她的儿子也接种了。11 月 22 日，立法委员会的成员以及一些其他高级官员在喀山圣母大教堂集合，宣读了一条关于全国人民为女皇健康而祈祷的法令。之后，代表团向女皇表达了感激和赞颂。当时，一名七岁的小男孩马尔科夫预先接种了牛痘，以便将自己的血清捐献给女皇。女皇对他论功行赏，赐姓“奥斯比昂尼”，意为接种牛痘的人。叶卡捷琳娜十分喜欢他，将他留在身边抚养。因此，如今在俄国声名显赫的马尔科夫家族要感谢这位先人的贡献。英国人丁姆斯戴尔则获封男爵，成为女皇的御医，级别等同于国务大臣，享受每年五百英镑津贴。1772年，神父加里奥尼宣布那不勒斯王子圣安杰鲁的儿子是那不勒斯第一个接种牛痘的，也被视为重大事件。1768年，伏尔泰说女皇接种牛痘堪比"修女受洗那么隆重"。大概只有叶卡捷琳娜自己意识不到她有多勇敢。在代表团来歌颂她的时候，她认真地说"这只是在履行自己的职责，一名牧羊人都知道要对自己的羊群负责"。几天后，她给利沃尼亚[1]省长布劳恩上将写信时嘲笑了那些对她佩服得五体投地的人，她说道："我想伦敦街头的任何一个小孩子都会有这样的勇气。"

3

当然，她懂得如何保持心理平衡，这是一种健康的心态。尽管她不认为自己多么仁慈，但还是很好相处，从不喜欢与人争吵，绝非难以取悦、不通情理之人。在正式场合中，她在与人交往时常常散发着一种巨大的魅力。她是纯粹的，让身边的人都感到轻松自在，不忘自己崇高地位的同时，也能让他人谨记各自所处的位置，而且一切都表达得不露痕迹。她的孙子亚历山大出生时，她显得万分遗憾，因为没有女神[2]"能来赐予这个孩子祝福"，她写信给格里姆说："如果是我，我会请求女神赐予他本真，只要本真就够了，剩下的一切，

1　一译"立窝尼亚""利夫兰"，中世纪后期的波罗的海东岸地区，即现在的爱沙尼亚以及拉脱维亚的大部分领土的旧称。
2　西欧神话中的女神，有的能给人带来幸福，有的会带来祸害。

经历会教给他。"

莱因公爵回忆克里米亚之行的时候提到，叶卡捷琳娜让所有人都以"你"来称呼她，这样她也可以"你"来称呼其他人。她的脑海中经常会有这种奇奇怪怪的想法。给格里姆的信中，她说："您可能不相信，我多么喜欢别人用'你'来称呼我。我希望整个欧洲都能这样跟我说话。"

叶卡捷琳娜讲述了她与著名的歌剧女主角托蒂夫人的故事。事情发生在皇村：

"托蒂夫人经常同丈夫一起过来。我们经常碰面，但从来没有冲突。我会跟她打招呼说：'早上好或晚上好，托蒂夫人。您还好吗？'她亲吻我的手，我回亲她的面颊。我们的狗也互相嗅着。她抱起她的狗，我也把我的狗叫回来，各自离去。她唱歌的时候，我会仔细地听，我会为她鼓掌，我们都觉得和彼此相处很愉快。"

与人打交道时，叶卡捷琳娜从不摆架子。可如果有谁敢批评她对朋友和爱人的选择，她会说："在我成为如今的我之前，有三十三年是和别人一样的，但我成为另一种人还不到二十年。这种经历才教人学会生活。"她说："我很害怕其他国王来访，因为我觉得他们太无趣了，但又必须对他们彬彬有礼。这些大人物非常尊重我为人处事的方式，我也会集中所有注意力仔细地倾听他们。但我喜欢絮絮叨叨，这种沉闷让我感到厌烦。"

众所周知她花钱如流水，但她并非只是为了摆谱，格里姆经常会替她匿名拨出大笔款项。德赫图阿伯爵离开俄国之前，她写信给他说："尊敬的伯爵阁下，想必您一定希望向在驻俄期间为您服务的随从送些小礼物。但如您所知，我已禁止同法国所有的商业贸易。除了在我这儿，您在俄国是买不到任何小礼物的。因此，希望阁下能收下您的朋友叶卡捷琳娜送来的纪念品。"

不管是在花钱还是在其他事情上，叶卡捷琳娜的不足之处就是缺少分寸。她自己也承认了这一点："我不知道如何施赠，要不就是给太多，要不就是给太少。"有人会说，如今身居高位的她已经丧失了分寸感，一会儿挥金如土，一会儿又一毛不拔。如果她因过度开支和赏赐而散尽钱财时，会变得"铁石心肠"，就算是一些合情合理的要求，她也不会答应。维杰姆斯基公爵为叶卡捷琳娜服务了三十年，颇受赏识，可是他后来失去了女皇欢心。退役时，他只拿到三分之一的退休金，最后死于悲愤之中。只要谁有幸能得到叶卡捷琳娜的欢心，她就会不惜钱财地赏赐。1781 年，布拉尼奇伯爵娶了波将金的侄女，女皇赏赐了新娘五十万卢布做嫁妆，也赏了新郎五十万卢布用以偿还债务。

一天，她为了解闷，就开始想象宫里一些重要人物最后会怎么死去：伊万·车尔尼雪夫可能会死于暴怒，罗勉佐夫伯爵夫人可能死于洗牌过久，谢沃洛德斯基夫人可能死于频繁叹气，等等。至于她自己，她认为可能死于过分迎合他人。

叶卡捷琳娜天生慷慨大方，不喜欢猜忌。叶卡捷琳娜请人为她的画廊采购艺术品，其中一个名叫莱芬斯坦的艺术家觉得女皇在怀疑自己从中牟利。中间人格里姆也为此感到不安。女皇便写信给格里姆："你们两个都别解释了，我从来没有怀疑过你们！你们为什么要拿这种琐事来烦我呢？"并补充道："从来没有人在我面前说他坏话。"格里姆大可相信女皇说的话，因为她和其他人不一样，她生平最讨厌这种乱打小报告的人，对她讲别人坏话只会让自己倒霉。波将金就有过亲身经历。

如果朋友需要她帮忙，她一定会挺身而出，全然忘记自己女皇的身份。譬如，她任命的意大利海军上将的妻子瑞巴斯夫人临盆了，当她听说了这个消息，立刻跳上马车，飞也似地赶到朋友家里。她挽起袖子，系上围裙，对产婆说："来！咱俩一起努力！"因为她这样的性格，经常会有人钻空子。她说："大家都知道我很好说话。"她真的这么善良吗？就这一点而言，她与"一般人"确实不一样，一个管理着四千万人民的女皇本就不是"一般人"。在普加乔夫起义[1]期间，这场叛乱严重威胁了她的统治，尽管叶卡捷琳娜在镇压这次起义时表现得很严酷，但她还是叮嘱潘宁上将只在必要时采取严厉措施。在成功抓捕了普加乔夫之后，她第一时间给这场内战的受害者提供救济。但是，她的下属们在波兰造事恶劣的时候，她却不加干涉。俄军在波兰进行了屠杀，并占领了

1　1773—1775 年，俄国农民群众反抗封建压迫的起义。战争席卷广大地区（奥伦堡边区，乌拉尔、乌拉尔山区、西西伯利亚、伏尔加河中下游地区），踊跃参战的起义者达十万人。

华沙,她为此表彰了苏沃洛夫。她自己治下的国度被称为"曙光来临之地",可在这里,鞭子和棍棒还在广大农奴鲜血淋漓的身上挥舞。她在当政时容忍了这种鞭子和棍棒,这又作何解释?

首先,我们应当理解在这个专制统治者头脑中的一个复杂概念——君主及其职责。发动战争不可能没有死伤,要征服一个唯恐失去自由的民族不可能没有一场血战。在吞并波兰这件事上,姑且不论其合不合理,但既然决定这么做,就要承担所有后果。叶卡捷琳娜正是如此,沉着坦率地担起了全部责任。沉着是因为她一心只为国家,国家利益凌驾于一切个人情感之上。坦率是因为她不伪善,在其位,谋其政。她只是在扮演一个出色的国君的角色。基于这样的表现,法国大使杜兰德评价她说:"我的经验毫无用处。这个女人比我们法兰西的女人更狡猾。除此之外我也没有什么好说的了。"但是她不是像他认为的那样自欺欺人,莱因公爵说:"她有自己的骄傲,不会欺骗别人。"

在波兰有很多人模仿叶卡捷琳娜的所作所为。首先是玛丽亚·特丽莎[1],只不过她将自己的眼泪和战场的鲜血掺和在一起了。腓特烈说她是"一边哭哭啼啼,一边掠夺"。相反,叶卡捷琳娜在这种事上从未掉过一滴眼泪。

其次,叶卡捷琳娜治国原则也与其他人不太一样。一国

1　1717—1780 年,奥地利女王、神圣罗马帝国皇后,也是奥地利历史上最著名的君主之一。

之君再如何独断专行，也不能事事都及时亲力亲为。苏瓦洛夫受命攻占华沙，他就攻下了。至于怎么攻下的，就是他的事情了，跟其他任何人都无关。这种原则有争议，但是在谈个人性格这一章我们不去研究这些政治理论。

最后一点，我们只要记住叶卡捷琳娜是18世纪的俄国女皇。不论在自然情感还是道德情感上，18世纪的俄国遵从的是一套完全不同的法则，欧洲那些有关正义、感性的理论对于当时的俄国不怎么适用。1766年，女皇住在彼得霍夫，一天夜里，她和整个官里的人都被突然响起的警报惊醒，群情不安。结果发现是一名女仆和叶卡捷琳娜的一名侍从偷情才触发了警报。这名侍从受审之后，被处以一百零一下的鞭刑，这几乎等于被判了死刑，因为鞭刑之后还要被割去鼻子，在额头上烫字，如果他还活着，最后还要被流放西伯利亚。没有人敢对这个判决说一个不字。正是在这样的环境中，我们必须基于当时人们普遍的观念、理解和情感来评判一个君主。从政治上讲，她绝对不能算是一个仁慈的君主。

但撇开政治不谈，叶卡捷琳娜绝对是一位受人喜爱的女皇。她身边的人都对她赞不绝口，仆人们都像被宠坏的小孩。这里不得不提一个著名的扫烟囱的故事：叶卡捷琳娜为了有个安静的办公环境，总是起得很早，为了不打扰别人，她有时会亲自给壁炉生火。一天早上，她刚生起小火，就听见烟囱里面传来一阵刺耳的尖叫，紧接着又传来一阵咒骂声。她马上就明白了，立刻将火扑灭，然后满怀歉疚地和这个差点被她活活烤熟的扫烟囱小工道歉。

　　像这样的故事还有很多。一天，布鲁斯伯爵夫人进了女皇的房间，发现她一个人在里面，衣服穿了一半，双手叠放在胸前，等着仆人来给她更衣。叶卡捷琳娜见伯爵夫人很是吃惊，解释说："你想知道怎么回事吗？我的侍女们都扔下我不管了。我刚才试穿一件衣服，不合身，惹得我发火了，她们就把我一个人晾在这儿……我想我要在这儿等到她们消气了。"

　　有一天，她给格里姆写了一封难辨字迹的信："我的侍者每天给我两支新笔，如果都用坏了，我也不再要新的了。我就尽量一边鼓捣一边写。"

　　一天傍晚，她摇铃摇了很长时间都没有仆人来，就径直走到前厅，发现仆人们正在聚精会神地打牌。她就向其中一个人提出，由她来代替打完这局，好让他跑个腿办件急事。还有一次，她发现仆人们偷偷拿走她桌上的食物，就严肃地说："这可是最后一次。还不快走开，别让内廷总管逮着你们。"

　　还有一次，她正在看一个老妇人在宫殿的院子里抓母鸡。不一会儿，急切想在女皇面前献殷勤的仆人们就开始驱赶她，称这只鸡是"皇家的"，而老妇人只是一个厨工的祖母。叶卡捷琳娜找人调查了一番后，差人每天给这个可怜的老人送一只鸡，还得是捆好的。

　　另外还有一名体弱多病的德国老奶妈，叶卡捷琳娜一直将她留在身边，找人照料她。她写信给格里姆说道："我害怕她，就像怕火、怕国王或其他大人物来访一样。她一见到我，就会抱着我的脸猛亲，亲得我喘不过气来。她那亲爱的丈夫抽烟抽得太凶了，以至于她身上总有一股烟草味。"

然而，叶卡捷琳娜天生是个急性子，缺乏耐心。她最大的缺点就是容易急躁上火。格里姆将她比作埃特纳火山[1]，她还很开心地说这座火山是"她的表亲"，并时不时地询问这个"表亲"的近况。所幸的是，她知道自己有这个缺点，所以总是能有效地克制自己。在公开场合，只要火气一上来，她就能马上压制住，很快便平心静气。如果是在私底下，她会习惯性地卷起袖子，在房间里踱来踱去，一杯又一杯地喝水。她从来不在气头上发号施令或签署文件，如果是在演讲中，她有时会忍不住说些粗鲁的话，比如在与瑞典作战的时候，她就用言语攻击过古斯塔夫三世[2]。法语的"流氓"和德语的"畜生"经常从她嘴里蹦出来。然而，她总是对自己说过的话和做过的事感到后悔，会时时留心并克制自己的言行，以至于谁都不相信她是个急性子。

莱因公爵写道："她慢悠悠地对我说，她是个急性子，真的难以置信……她走进接待厅的时候，总是会以俄国特殊的方式鞠三个躬，分别向左、向右和向中间。她举手投足都是精心安排的，十分协调……她会重复地说'我要冷静'，

---

1 意大利西西里岛东岸的一座活火山，海拔 3200 米以上，是欧洲海拔最高的活火山。
2 1746—1792 年，是瑞典历史上褒贬最多的国王。

这句话要说上整整一刻钟。"

1750 年，谢纳克来访俄国，证实了叶卡捷琳娜的性格特征。他在圣彼得堡写过一封信，提到女皇在人前总是一副冷静的样子。她观察周遭的人、事、物，仿佛总能一眼看穿。她谈吐很慢，不是因为无话可说，而是在寻找最适合自己的措辞。

此外，叶卡捷琳娜终身保持着一个习惯——吃饭时将餐巾别在胸前。她坦诚地说："每次吃鸡蛋，总有一部分会掉到衣领上。"

4

叶卡捷琳娜生性活泼乐观，急躁冲动。她的私生活不止一个方面展现出了这样的性格，我们以后还将谈到这个问题。她的放荡不羁与生理缺陷无关，既没有癔症，也不是慕男狂。她只不过是个感性的女人，同时身为女皇，她在感情上可以比别人更加放纵。她对待感情和对待其他事情如出一辙——沉着冷静，有条不紊，从不沉湎于意乱情迷。爱情对她而言，不过是精神和机体的自然功能，是一种不衰的能量。她六十七岁都还在谈恋爱呢!

叶卡捷琳娜身心的全面发展，得益于一些兴趣爱好，比如她热爱艺术，热爱自然，热衷于和有教养的人交往。园艺是她钟爱的消遣之一，她喜欢鲜花，但受不了太浓烈的香气，尤其是麝香。每天的某一固定时刻，叶卡捷琳娜就站在窗口往外撒面包屑，久而久之这些鸟儿都养成了习惯，一听到铃铛响起就成群飞来。以前，伊丽莎白女皇在宫中的花园里饲养青蛙，由此可以看出她个性略显病态。而叶卡捷琳娜就和她不一样，她喜欢鸟、狗还有马，这些都是大众更容易接受的宠物。她不管在哪个方面，都表现得更加单纯而正常。

伊丽莎白的生活毫无规律，昼夜颠倒，做什么事情从来没有一个固定的时间；而叶卡捷琳娜是一个有规律的人，睡得很早，天一亮就醒，按照事先的计划完成一天的工作，很少出现偏差。伊丽莎白常喝到酩酊大醉；叶卡捷琳娜则吃得很少，只在正餐喝上一口酒，从来不吃晚饭。不论在公共场合还是私下里，除了神龛里的秘密，她向来谨言慎行。她不是一个遮遮掩掩的人，即使有情夫，她也会大方地公开。

有些人一定要在她身上挑毛病，就会说她不顾家。这个说法颇有争议。有人认为，就算她没有谋杀亲夫或者下令别人谋杀她的亲夫，她确实是讨厌彼得的。就算她从来没想过剥夺自己儿子的皇位，她对保罗确实不够温情。我们必须认清，彼得和保罗对她和俄国而言不止是一个丈夫和儿子那么简单。她有一个弟弟，但去了俄国之后就再未谋面，也不允许他来见自己。这些都是出于政治上的考虑。叶卡捷琳娜发现俄国有很多德国人，包括她自己。尽管如此，她以理智战胜了情感。不过，我们后面会看到，她还是一位很疼孩子的慈祥祖母。

所以，我们可以将她在感情上的放荡不羁看成是一个独立现象，和她的性情没有太大关联。如果不存在上述这种因果关系，至少她的精神生活一定与这种性格存在某种关联。叶卡捷琳娜直到中年依然生活放荡，这或许可以用生理因素来解释，但生理因素是不足以解释她的犬儒观念的。应当说是布兰托姆[1]的思想在她身上留下了深刻的烙印，整个 18 世纪的哲学精神更是对叶卡捷琳娜产生了非常重大的影响。

5

叶卡捷琳娜拥有伟大的性格，却没有那么伟大的智慧。她从来没有佯装自己很有"开创思维"，但是她还是对自己的创造力引以为豪。她写信给别克夫人说："我生平最讨厌复制品。更直接地说，我同酷爱标新立异的英国人一样具有原创精神。"但是这种别具一格更多体现在她的兴趣爱好和行为举止上，而不是在思想上。她在 36 岁的时候正是才思敏锐的阶段，但在制定新法律时，毫无新意可言，就像一个学生在写作时照搬孟德斯鸠、贝卡利亚的成果，直接进行辞藻的堆砌，虽然付出了巨大努力，但看不出有何过人之处。截至 1765 年 3 月底，她已经写了两个月，平均每天要花三个小时。一日之计在于晨，她把最宝贵的时间都花在了这项任务上。到 6 月中旬，共完成了六十四页，她觉得自己已经尽了九牛二虎之力了，渐渐变得力不从心。她写道："我绞尽脑汁，但是我觉得至死也写不出一个字来了。"我们前文

1　亚比·德·布兰托姆是 16 世纪法国的一位军人，也是一个有名的浪荡子，他写的《女人七论》是足与薄伽丘的《十日谈》等量齐观的经典作品。该书堪称史上关于女人的最重要文献，叶卡捷琳娜大帝深受他观点的影响。

提到过她从起初的信誓旦旦到长时间脑力劳作之后的疲倦与冷淡的发生过程。但是从最终结果来看，这位作者的行为未免滑稽可笑了点。而且她所谓绞尽脑汁得出的内容是很容易被其他想法取代的，因为那都不是她自己的原创。

难道她没有自己的想法吗？当然是有的。首先，她富有想象力。在执政的三十四年里，她一直在建造自己的空中楼阁，只不过轻轻一吹，顷刻间都将如烟雾般化为乌有。突然有一天，奇迹出现了，幻想建筑突然有了一块现实的基石。叶卡捷琳娜在土地上放了一块唯一但却真实的石头。尽管俄国人民浑然不知发生了什么，也没有提出反对，如埃及为建造金字塔而默默挥洒血汗的千千万万的人民一样，他们完成了女皇开创的事业，使一座宏伟的建筑拔地而起。就这样，他们征服了塔夫里达[1]。这是叶卡捷琳娜的梦想，波将金替她完成了后续事业，就像一部惊险离奇的小说，一块突然出现在黑海港口的基石，最后形成了今天的克里米亚。

叶卡捷琳娜认为如狄德罗这样的智者具有评判她的资格，这其中的绝大多数人都被她的精神和她的头脑而吸引。叶卡捷琳娜身上具备几个非常吸引人的要素：强大的意志、待人接物之艺术，以及第三个要素——她的南方人特性。她是一个身在北方的德国人，却浑身散发着一股南方人特有的如火般的激情，实在不可思议。从她说话的方式来判断，她

1　又称塔夫里切斯基，俄罗斯帝国的一个省。包括克里米亚、聂伯河下游、黑海和亚速海沿岸地区。

吐字有力流畅，用词丰富活泼，一字一句都表现出绝对的健谈，仿佛她是一个真正的南方人。"我非常喜欢聊天"，她说道。格里姆甚至非常遗憾不能向后人展示女皇平日是如何与人交谈的。

"交谈的时候，天才和魅力二者在她的头脑中完美交融。说起话来仿佛一把熊熊之火，一根不停运转的轴杆。她的妙语就像相互推挤碰撞的水花，随时要像瀑布般倾泻而出。如果我能将她的话逐字逐句地记录下来就好了，那么这个世界将能看到人类思想史上珍贵的、也许是独一无二的片段。这种一闪而过但又犀利深邃的言语惊艳了聆听者的想象和判断，这一切只在电光火石之间。怎么才能留住这些转瞬即逝的思想之光呢？"

格里姆做不到的事情，叶卡捷琳娜本人做到了。1780年，伊万·车尔尼雪夫伯爵和女皇长谈之后，请求女皇将所说真言写下来赐给他，叶卡捷琳娜答应了他的请求。这些文字得以保存，让人忍不住一探究竟。

有位政治家一意孤行地在非正式出版物上发表自己不被看好的演讲。有一次，叶卡捷琳娜当着他的面说："先生，请原谅我。您每天拿给我读的文章里都说'轰动全场、掌声雷动、人声鼎沸'。我费了很大的劲，但是在您的演说中我实在找不到任何出彩的地方。"

同样，在叶卡捷琳娜的著名讲话中，我们也完全看不出格里姆所谓的犀利深邃、言语惊艳、思想之光这些特征。

她在讲话的开头引用了拉辛的话剧《讼棍》[1]中的一段话"圣灵，我相信黑暗的远方就是光明"，以此作为她接下来一连串政治预言的座右铭，"我预测，法国、奥地利、普鲁士和俄罗斯之间将有一段冲突时期，给彼此带来严重的创伤，此后会互相扶持，共同登上荣耀之巅"。如果不是欧洲后来真的发生了战争，这番话颇像梦游者的说辞。但是人们不禁怀疑，叶卡捷琳娜真的有这种先见之明吗？来看看她说的这番话，她说："布封[2]预测到，将来有一天，彗星会被地球吸引，绕着地球转。我猜彗星的运动轨迹应该是自西向东。"这番话一出，恐怕连最会占卜的雷诺曼夫人[3]都要甘拜下风。法国大革命前几年，她就对车尔尼雪夫伯爵说："我不喜欢玛丽·安托瓦内特[4]总是笑，她见到什么都笑。她确实是个女人，是个美丽的女人，但我也是女人，如果我是她，我一定会害怕有人警告我说'笑到最后，笑得最好'。"这一次，基于良好的判断力以及对政府的认识，她看问题比较透彻，在她的所有对手中，没有谁能达到她的理解程度。作为最高领导人，在判断事情这方面，就连腓特烈和拿破仑都不及叶卡捷琳娜。她的感知更为细腻，懂得随机应变。就统治的艺术而言，她是无与伦比的大师。

1　拉辛的作品主要发表在1667—1677年的十年间，如《昂朵马格》（1667）、《讼棍》（1668）、《布里塔尼居斯》（1669）、《蓓蕾尼丝》（1670）、《巴雅泽》（1672）、《米特里达特》（1673）、《伊菲莱涅亚》（1675）和《费德尔》（1667）。
2　1707—1788，18世纪法国博物学家、作家。
3　雷诺曼牌是扑克牌占卜的变种。
4　1755—1793年，法国国王路易十六的妻子，原奥地利帝国公主。

现在，回过头来看她与车尔尼雪夫伯爵的谈话，确切来说，应该是她的独白。她在提到英国时说了一些不恰当的话："英格兰！狂热分子建立了它，狂热分子支撑着它，狂热分子会摧毁它。"这些话暗示了什么？其实什么也没说，这只不过是在反映当下的现状，就像我们现在的记者播报新闻一样。当时是 1780 年，一场反对天主教徒的运动刚刚在伦敦爆发，由戈登勋爵一手挑起。两万名狂热分子在威斯敏斯特游行，大喊着"打倒天主教"，国会议员们也遭到了暴力袭击。在这场短暂的暴乱中，叶卡捷琳娜发现了这项具有历史意义的定律。

接着，在她的笔记和谈话中出现了一系列哲思："一个人可以有永恒的才智、美德或理性，但没有永恒的荣耀、成功、财富，尤其是人们对你的喜爱。"这个想法并不新鲜深刻，甚至不完全正确。但是下面这个想法可就不一般了："打胜仗不是什么了不起的事。占有土地固然重要，但有钱才是硬道理。有钱能使鬼推磨，就连国王、皇帝也要对懂得赚钱的人肃然起敬。"这种反思可能是受到现代唯物主义学派的启发，因为 18 世纪见证了大量财富的积累，叶卡捷琳娜提出这种想法时罗斯柴尔德家族[1]还尚未出世呢。但是，马其顿亚历山大大帝[2]的父亲似乎早已有过类似的想法了。

1　欧洲乃至世界久负盛名的金融家族，发迹于 19 世纪初，其创始人是梅耶·罗斯柴尔德。
2　公元前 356—前 323 年，古代马其顿国王，亚历山大帝国皇帝，世界古代史上著名的军事家和政治家。

总而言之，叶卡捷琳娜与车尔尼雪夫的对话不甚惊艳，但是她自己赋予这些对话以重大意义。尽管我们无法从她的话语中发现引人入胜的精髓，但是她说话的方式、语音语调却使她成了一个成功的雄辩家。

　　米尼赫上将在叶卡捷琳娜女皇登基数月后写信给她道："尊敬的女皇陛下，您的言语虽不精致，却有着崇高且深不可测的精神，这是您与生俱来的特质。"

第二章 思想与原则

1

综上，叶卡捷琳娜不是一个很有原则和思想的女人，至少没有固定的原则和系统的思想。她的灵感通常只在一瞬间，如流星一扫而过，成不了指路明灯。

然而，从本质上来说，一个来自德意志的公主，受命主掌着斯拉夫民族的命运，身上浸透着俄罗斯民族的性格且从未改变，就连她的政府都对她刮目相看。这样的禀性不仅体现在她的管理和立法上，更在一言一行之中。她想依据自己的方式来改变现状，甚至改变过去，为自己和他人建造一个与众不同的俄国。1790 年，谢纳克提议由他来为俄国撰写一部史记，叶卡捷琳娜有所犹豫。她不确定谢纳克是否和"大多数反俄的外国人"一样对俄国抱有偏见，是否会认为"彼得大帝之前的俄国全然没有法律和行政管理"。在她看来，"沙皇伊凡·瓦西里耶维奇[1]死后的纷争局面让俄国倒退了四五十年，但在此之前，它已经完全达到了欧洲其他国家的发展水平。俄罗斯历任大公在欧洲事务中也占有重要地位，与北半球的所有主权国家都建立了友好亲密的关系"。

谢纳克明白自己难以完成这样的任务。叶卡捷琳娜却对她自己的想法深信不疑，她给格里姆写信说道："没有哪个民族的历史比我们民族更伟大了。我热爱我们国家的历史。"她还要求人们也应将她的王朝历史记载下来，"我们生活在这个时代，不仅不能小看所有的辉煌事件，还要让人们铭记于心，这很关键"。谢纳克是否同意接受这样的"指示"呢？

在叶卡捷琳娜看来，构成俄国历史的一切要素都是伟大的，包括俄国的过去和现在、面积和人口、物质资源和精神财富、斯拉夫与世界和欧洲的地位，这种想法无时无刻不出现在她的脑中。她像被催眠了一样，沉醉在自己创造的幻想中。不管她如何高度评价自己的国家，不管她多么希望别人也能如此评价她及她的王朝，当她将自己同俄国放在一起时，总会将自己的姿态降得很低。她说："我为俄国所做的一切，不过是一滴水之于大海。"

俄国是大海，一望无际，深不可测。叶卡捷琳娜心甘情愿地将自己的过去甚至对德国的回忆一并埋葬在这片大海之

1　1530—1584 年，又被称为伊凡雷帝或者"恐怖的伊凡""伊凡大帝"，是俄国历史上的第一位沙皇。

中。1782 年，她写信给格里姆抱怨苏丹阿布杜勒·哈米德[1]时说："我可不会让他蹬鼻子上脸。没有哪个德国人能忍受这种做法。"这里的"德国人"显然是她没有经过思考就说出口的结果。她的想法非常跳跃，常常不知道自己想要什么，尤其是当她忙碌了一天之后，拿起笔给密友写信时，整个人完全放松下来，根本没有注意自己在信上说了些什么。但她确实认真执行了亲俄计划，让自己成了彻头彻尾的俄罗斯人。她不是只做足表面功夫，而是由内而外地改变了自己，包括语言、装扮、举止、思想等各方面。

"塞西亚人[2]（在她眼中塞西亚人就是俄罗斯人）是全宇宙最具男子气概、最坦率善良、最乐于助人的一种人。在性格、容貌和体格上没有谁能与塞西亚人相媲美。塞西亚男人身材健硕，四肢发达，长着漂亮的胡须和茂密的头发。他们天生就是骑兵、步兵、水手和管理者的好苗子。他们为人诚实正直，不知偷奸耍滑为何物，也鄙弃这种行径。热爱自己的孩子和亲人，孝顺父母、尊重上级是其深入骨髓的原则。执行命令迅速准确，绝对忠诚可靠。"这些话出自叶卡捷琳娜之口，在她逝世之前，大概谁也没有见过这些话。毫无疑问，这样的溢美之词掺杂了太多私人情感，难免有恭维之嫌。但是，

1　即阿布杜勒·哈米德一世（1725—1789），奥斯曼苏丹（某些伊斯兰国家统治者的称号）。
2　具有伊朗血统的一支游牧民族。公元前 8—前 7 世纪从中亚迁徙至俄罗斯南部，以现今克里米亚为中心建立了一个富裕而强大的帝国。这个帝国延续了 500 多年，至公元前 4—前 2 世纪塞西亚人被萨尔马特人所征服才覆亡。

一些俄国人对她的爱，教会她爱上俄国，随着时间推移，她对俄国的爱也变得更加纯粹而深刻。

在她所有思想中，堪称她最伟大的统治思想的莫过于她提出的"希腊计划"[1]。她从 1762 年就开始酝酿这个计划，直到她去世前夕，仍在考虑这个方案。这是她一个无比美妙的梦想。她梦想复兴希腊，解放南斯拉夫，还有一些同样令人眼花缭乱但不那么公正的愿景——她想象君士坦丁堡向基督教敞开大门，而俄国军队正是基督教世界的代表，他们将圣索菲亚大教堂穹顶上的新月标志换成带有双头鹰[2]标志的希腊双十字架[3]。正是如此，保罗的第二个儿子没有被命名为彼得或伊凡，而是君士坦丁，并且给他请了一名希腊看护和一名希腊仆人，这个仆人后来还成了一位显要人物。她在新建的赫尔松[4]成立了一支预备军团和一个希腊区政府，由保加利亚人尤金掌理。她下令铸了一枚徽章，上面刻有一些象征性的图片：一面是女皇，另一面是火焰中的君士坦丁堡、一座倒向海中的瓦解的尖塔和一个在云彩中熠熠生辉的十字架。赫拉波维奇在日记中提到，1787 年 8 月 17 日，波将金

1　1782 年提出的"希腊计划"是女皇叶卡捷琳娜二世统治中后期俄国外交政策中向黑海方向扩张的重要方案。

2　双头鹰是一种常见于欧洲各国徽章和旗帜的图案。时至今日，双头鹰的图案还保留在若干斯拉夫和东欧国家的国徽或旗帜上。

3　早在埃及和亚西利亚（亚洲西部古国）就用双十字代表复活和不死的象征，古罗马帝国的大君士坦丁皇帝（324—337 年）曾用双十字。之后，还有"俄罗斯双十字""希腊双十字"等作为胜利的象征。

4　1774 年以前，该地区一直是克里米亚可汗国的领土。1778 年，在格里戈里·亚历山德罗维奇·波将金的建议下，由叶卡捷琳娜大帝下令建造了赫尔松。

要秘密征服巴库[1]和杰尔宾特[2]，建立一个名叫阿尔巴尼亚的新省，临时委任君士坦丁堡大公去往这个地方。1788 年 4 月 21 日，摩尔多瓦和瓦拉吉亚的问题得到了讨论：这两个地方必须继续保持独立，好作为将来希腊君主国"达契亚"的基础。1789 年 10 月 9 日，叶卡捷琳娜审查了一切事宜。看来君士坦丁堡将来需要大力"煽动"希腊人的热情，三十年后的他将从塞瓦斯托波尔[3]挺进君士坦丁堡。

2

1769 年，整个欧洲没有谁比俄国女皇叶卡捷琳娜更热衷于捍卫自由了。

"勇敢的科西嘉人，尤其是保利[4]将军，是自由的捍卫者，是科西嘉岛的守护者。先生们！多年来，你们顽强地反抗压迫，捍卫和救赎这个国家，使之免受不公正的侵犯，敢于为自由而战，你们的努力所有欧洲人有目共睹。我们应当支持一切为了崇高事业不懈奋斗的人，这是我们所有人的职责。"这是叶卡捷琳娜写给科西嘉人的亲笔信，署名为"你们忠诚的北极（原文如此）朋友们"。信中还附有一笔钱，用以资助他们早日摆脱耻辱，同时让他们知道，在北方还有不少人对他们所捍卫的事业翘首以待。

1　里海一个大港口，外高加索第一大城市和交通枢纽，因坐落于巴库油田而被称为"石油城"。
2　俄罗斯达格斯坦自治共和国古城，里海西岸港口。
3　克里米亚半岛著名港口城市，黑海门户，俄罗斯海军基地，黑海舰队司令部所在地。
4　科西嘉岛的民族英雄。

1781 年,叶卡捷琳娜挺身支持内克尔[1]。他发布了著名的《献给国王的金融概述》,这份财政报告中控诉了国王的财务管理,这相当于在控诉王权,叶卡捷琳娜欣喜若狂。她相信,内克尔是上天派给法国的救世主。

　　可见她当时对法国和法国的社会状况没有多少好感,对法国宫廷的敌视更甚,她冷眼注视着法国旧制度在社会需求的狂澜中逐渐解体。1782 年,她的儿子和儿媳申请去巴黎旅行,叶卡捷琳娜给他们写了信,从信中可以看出她对法国的不良印象:"让上帝去赞美法兰西最高贵的王后吧,赞扬她的表演、

叶卡捷琳娜 1782 年的肖像

舞会、戏剧和那或好或坏的装扮。我知道这一切让你们感到不适,让你们着急着回来,实在令人遗憾。但是为何在戏剧盛行的巴黎竟能看到诸多不如我们国家的演出呢? 我知道。因为所有人都不愿意去看好的剧目,反而喜欢去看一些糟粕;写剧本的不懂得如何才能写出催人泪下的悲剧或是逗人捧腹的喜剧,他们的喜剧看得人想哭,一切都乱了套。这不是在

1　1732—1804,法国路易十六的财政总监与银行家。

鼓励人才，而是在糟蹋人才。"

叶卡捷琳娜认为，这个极尽轻浮和腐败的宫廷已经将整个社会逼至悬崖边缘。她亲爱的老师伏尔泰的表现也证实了她的观点，因为他总拒绝承认自己和这群可悲的"汪达尔人"[1]有任何联系。不过绝大多数情况下，叶卡捷琳娜对待法国的态度是漠不关心。长期以来，直到法国产生革命危机的那一刻，这个遥远国度所发生的一切事件和动乱似乎对她没有任何重要意义，甚至根本没有觉察到风暴的降临。1788年4月19号，她写信给格里姆："有人认为我们正面临着一场声势浩大的革命，我不同意这个看法。"她去视察克里米亚的路上听说路易十六要召开"缙绅会议"，还以为法国国王是在模仿她的"立法委员会"而已。她还邀请了拉斐特伯爵[2]来基辅见她，但是直到攻占巴士底狱的消息如响雷般传来，她才搞清楚拉斐特伯爵一直以来在从事什么活动，才明白法国到底发生了什么。

从这一刻开始，叶卡捷琳娜的想法经历了一场剧变。从她的通信和机密谈话中，我们能看到她态度的演变过程。1790年6月，格里姆尚未察觉女皇心思的转变，向她要了一副画像去送给巴利[3]，以便替她交换这位革命英雄的画像。

1　古代日耳曼人部落的一支，曾在罗马帝国的末期入侵过罗马，有计划地洗劫该城并将许多珍贵艺术品抢掠一空。在这里引申为文化艺术的破坏者。
2　1757—1834年，法国贵族，第一个志愿参加美国革命，1789年出任法国国民军总司令，提出人权宣言和制定三色国旗，成为立宪派的首脑。
3　1763—1793年，法国大革命时期活动家，1789年和1791年被选为巴黎市长。

叶卡捷琳娜回道："听着，我无法答应您的请求。一位推翻君主制的市长收到一位欧洲女皇的画像，一位欧洲女皇将她的画像送给一名推翻君主制的市长，恐怕不太合适。这会使我们所代表的职能与各自的过去、现在和将来自相矛盾。"

两天之后，她又说道："我重申一次，您不能将欧洲最贵族化的女皇画像送给一名反对君权的革命家。我不想同让·马赛这种人有任何瓜葛，他迟早要被人吊死在路灯上。"

就这样，叶卡捷琳娜彻底放弃了共和主义。但是她没有轻易放弃哲学，并试图证明这些事件的发生同哲学没有任何关系。1790 年 6 月 25 日，她向格里姆写道：

"既然大家都在谴责哲学家们胡作非为，那法国的国民议会怎么不烧毁所有优秀的法国作家，以及那些把他们的言论散布至全欧洲的所有载体……人民及其意见，那是不值一提的。"

这最后一句，更是充分显示出叶卡捷琳娜的思想与革命精神之间，存在着不可调和且日益尖锐的矛盾。人民在法国大革命中的作用越来越突出，让她感到震惊且不快。她曾经有一段时间不是这样看待人民的。在执政之初，她在召集自己的立法委员会时，正是在全体臣民中号召的代表。但是，也正是在第一次与人民有了接触之后，她逐渐改变了自己对人民的看法。或许她一味根据自己的印象来归纳观点是不明智的，但她当时没有可以参照的对象，只能根据自己亲眼所见来得出见解，而她的见解就表现为一种高度的蔑视。1787

年，她的秘书赫拉波维奇告诉她，在她巡行期间，有一个小镇的农民全都跑出来瞻仰她的风采，向她朝拜。她只是耸了耸肩说："他们看到狗熊也会这样的。"两年后，谈到法国政治俱乐部成员时，她说道："一个鞋匠怎么领导国家大事？鞋匠只晓得做鞋子。"

不久之后，她也放弃了哲学。叶卡捷琳娜谈起"优秀法国作家"时仍充满敬意，不过她已经做出了选择，除了伏尔泰以外的其他18世纪的作家被她统统抛诸脑后。1790年9月12日，她写信给格里姆说："老实说，你们的论调完全是在放纵自我，这根本不能给法国带来光荣。法国最好的作家几乎都生活在路易十四[1]时代，他们所有人，包括伏尔泰本人，都是保皇派，宣扬秩序、安宁以及现在这个千头怪物般的制度的一切对立面。"

后来她对国民议会进行了更加尖锐的抨击。1790年8月7日，赫拉波维奇在日记中提道："有人在女皇陛下面前说'这是一个非常玄妙的国家。每个国民议会的成员都是国王，每个公民都是畜生'。这番话得到了她的认可。"

1790年9月27日，叶卡捷琳娜写信给格里姆说道："躺在床上时，我思考了很多事情。我想，马修等人缺乏教养，品行低劣，竟首先倡议颁布废除贵族的法令……究其原因，其一应当在于法国取消了耶稣会学校。无论如何，那群骗子

1　1638—1715年，法国波旁王朝国王，号称"太阳王"，法国历史上最伟大的君主之一。执政72年，是世界上执政时间最长的君主之一，是欧洲君主专制的典型。

都能摸准年轻人的兴趣和观念，法国现在最杰出的人才都是他们教出来的。"

1791 年 1 月 13 日："我们身处杀戮和贼窝中时，永远不自知。这些强盗夺取了法国政府，他们很快就会将法国变成恺撒时代的高卢[1]。但是恺撒当时镇压了整个高卢！这位恺撒什么时候才会再来？啊，请不要怀疑，他会来的。"

1791 年 5 月 23 日："如果最好的宪法给更多人带来的不幸超过其带来的幸福，那么它写得再好也无济于事。勇敢正直的人因其吃尽了苦头，而强盗却因其感到自在，赚个盆满钵满，还不受任何人的惩罚。"

此时的叶卡捷琳娜仍能克制地谈论她最讨厌的革命思想。从她 1791 年 6 月 30 日写给莱因公爵的信可以看出："我认为各学院应当设置一些回答问题的奖项。其一，智者生来比愚者具有更多优势，而勇气是建立在对体力或脑力的感知之上，试问在一个多疑且戒备的政府之下，荣耀和价值在一个积极的公民心中意味着什么？能回答出这一问题的可获一等奖。其二，荣耀和价值真的有用吗？如果有用，那么就不应当限制竞争的渴望，而给自己设置一道名为公平的障碍。能回答出这一问题的可获二等奖。"

但是后来她渐渐有些失控。

1791 年 9 月 1 日："我有预感，如果法国大革命在欧洲

1　古罗马人把居住在现今西欧的法国、比利时、意大利北部、荷兰南部、瑞士西部和德国南部莱茵河西岸一带的凯尔特人统称为高卢人。

传播，自会有成吉思汗或帖木儿这样的人物来教训他们，使其回到正轨。这一点一定会实现，只不过不会发生在我的有生之年或者亚历山大大公的时代。"

这时，传来了路易十六的死讯。此前我们提到过，这对叶卡捷琳娜是个沉痛的打击，并因此卧病不起。1793 年 2 月 1 日，她控制不住自己的心情而向挚友格里姆写信呼道："必须永远铲除法兰西这个名字！平等就是一头怪物，它妄想当国王！"

这一次，她诅咒了所有法国人，连伏尔泰都不例外。女皇话里话外都在号召大家复仇，甚至要不择手段地镇压一切反动力量。

1794 年 2 月 15 日："建议所有新教徒都接受东正教，以摆脱离经叛道、无政府主义、恶魔般的瘟疫、上帝和君权的死敌这诸多罪名。东正教才是基督教唯一的圣徒和真正的信仰，是一棵根基深厚的橡木。"

因此，她在寄希望于下一位恺撒后，又开始期盼着下一位帖木儿的出现。起初她的预感不是很强烈，1791 年的时候，她梦见过一名伸张正义的不伦瑞克人。后来她的想法才逐渐清晰起来，清晰到接近历史的真相。在拿破仑出现之前，叶卡捷琳娜就预感到他的存在，并且还作了一番描述。

1794 年 2 月 11 日，她写道："如果法国能经受住这次考验，她将比以往任何时候都强大。她会如羊羔一样听话，但需要一个更加伟大的人物来领导，这个人将超越他与同时代的人，甚至超越这个时代。一切都取决于他的出生或出现。他在哪里降临，堕落就在哪里止步。"

拿破仑出现之前，女皇对参加法国大革命的人表现出极度不满，对其严词抨击。她管拉斐特叫"傻瓜之王"。起初对米拉波[1]还算客气，因为她知道其同俄国驻巴黎大使馆的关系，明白大使馆需要他提供的服务。但在他死后，叶卡捷琳娜在写给格里姆的信中强调了她的个人观点，说道："米拉波只有在我们这个时代才能成为巨人。要是放在其他时代，早就被罢黜提审，收押狱中，等着被绞死或车裂了。"

三天之后，她又说："我不明白世人为何赞颂米拉波，这分明是在鼓励恶行。我看他只能在索多玛和蛾摩拉[2]获得认同。"

她还收回自己曾经对内克尔的高度评价："他们喋喋不休，无聊之至，实在令人生厌。"

她对奥尔良公爵[3]的好感也荡然无存："希望波旁王朝的人再也不要沿用奥尔良公爵的称号。"

不过，革命分子也以其人之道还治其人之身。沃尔尼将女皇曾经赐予他的金牌还了回去。西尔万在《对国王最后的审判》一书中，编写了叶卡捷琳娜女皇与教皇发生了激烈争吵的桥段，教皇将头上的冠冕扔到了她脸上。《导报》也不

1　1754—1792 年，法国政治家，曾任法国国民议会议长。
2　索多玛和蛾摩拉是圣经中因罪恶甚重而被神毁灭的城市。
3　绰号"平等路易"，在巴黎高等法院对国王的权限表示异议，后放弃贵族称号，接受平民菲利普的名字。

总是说她好话的。

虽然叶卡捷琳娜在很长一段时间里都在严厉谴责革命运动，但不论在俄国还是其他地方，却从未采取任何直接措施镇压革命。她不会主动去关心，很多时候依旧是一副事不关己的旁观态度。她结束了同土耳其和瑞典的战争之后，便开始干预波兰，以便完成她统治下的主要事业。这时，她才决定放弃不作为。在她眼里，法国大革命是一个有利"时机"，当时的环境和她的打算在政治上不谋而合。

1794 年 12 月 14 日，她同秘书赫拉波维奇谈话时说："为了促使普鲁士和奥地利卷入法国的事件中，我绞尽了脑汁。"

"他们不太积极。"

"不，普鲁士可能会干涉，但是奥地利无动于衷。他们不理解我的用意。难道我做错了吗？有些原因不便挑明。我希望他们卷入此事，好让我一展身手。我有太多事业未竟，必须转移他们的焦点，以免妨碍我的行动。"

叶卡捷琳娜突然敲起警钟。她通过大使西莫林发布旨谕，命令在法国的臣民尽早撤离，免得他们像斯特洛格诺夫伯爵一样，跟随自己的老师去参加法国革命团体。可是，她却没有想到要在国内禁止一切来自塞纳河畔的煽动性出版物。俄国是整个欧洲唯一一个允许自由引进巴黎报刊的国家，不过还是有一期《导报》被没收了，上面刊载了一些抨击保罗大公等人的评论。从此以后，叶卡捷琳娜规定每一期刊物在发行之前，必须经过她的审查。有一次，她读到一篇针对自己的批评，她被人描述成"北方的梅萨丽娜[1]"。她还颇为骄傲地说："这一篇只涉及我自己。"并允许了这一期报纸的发行。

后来，女皇发动了一次反对法国革命的运动。起先她只是将此作为一种政治策略，可越往后她变得越认真、越投入。渐渐地，她进入了这个全新的角色，将自己的思想、情感和本能倾注其中。她不满足于只在法国打击法国人的革命精神，还要在俄国同俄国人的革命精神作斗争。1792 年，她起草了一份帮助法国恢复君主制的方案，但其中没有发表任何深刻的见解。她以为只需一万兵马就能扫平整个法国的动乱，资金可以向热那亚借，一旦法国有了新的国王，就能偿还这笔贷款。

在俄国也有一群受革命精神感染的法国人。1793 年 2 月 3 日，她发布了一条著名的指令，要求这些人按要求宣誓，否则就将其强制驱逐出境。她也不再容忍自己的国民有革命思想，为防止他们受雅各宾主义影响，她甚至采取了她在执政初期极端鄙视的一些手段。波将金得知普洛佐罗夫斯基被任命为莫斯科省长后，便写信给女皇说："您已从军火库中推出了最古老的大炮，只需设定好方向，它必百发百中。但请您务必谨慎，切莫让其以淋漓鲜血玷污陛下永世的圣明。"

一位俄国作家说，普洛佐罗夫斯基及其在莫斯科和圣彼得堡的同僚，"从消失在暗夜中的普列奥布拉任斯基衙门[2]来

---

1 罗马皇帝克劳狄的妻子，女色情狂的代名词。
2 俄国在 18 世纪初期出现的负责受理一切政治案件的机构。

到这光天化日之下"。莫斯科人诺维科夫因出版某刊物而被普洛佐罗夫斯基判了十五年监禁，该案件奠定了新制度的基础，也证实了波将金的担心。叶卡捷琳娜还十分讨厌那种遮住下巴的法式衣领，但在圣彼得堡，以波利斯·加利津为代表的时髦派坚持要穿成这样。

18世纪末这一次伟大的政治社会变革促使叶卡捷琳娜产生一些新的观念，但显然这些观念是很狭隘的。叶卡捷琳娜犯了令人遗憾的错误，但她浑然不知自己试图镇压的运动中，其实存有某些高贵且高尚的东西。也许只凭智力还理解不了这些事情，还需要提高内心某种崇高的情感，而她从来没有这样的情感。在镇压革命的过程中，她趁机夺取了在维斯图拉河畔苟延残喘的波兰，这是一个政策问题，在此我们不作评判。但是，在波兰被彻底占领之前，她没有对战败国的最后顽抗和殊死一搏的英雄人物存有任何同情与感动。这位民族英雄被世人称为"西欧最后的骑士，东欧第一位公民"，最后却作为普通战犯被押送至圣彼得堡。后来拿破仑在威名显赫的时期，还专门寻求过他的帮助，虽然这位英雄当时住在瑞士的避难所，也不曾对拿破仑表现出一丝媚态。叶卡捷琳娜则根本不屑见到他，连他的名字都叫不出来。"这名阶下囚怎么看都蠢笨十足，不值一提。"这就是叶卡捷琳娜对他的评价。

据说，保罗一世在取得政权后，去监狱里探望了这位曾经指挥千军万马的军队独裁者，并弯腰请求他原谅自己的母亲。也许这只是一个传说。不管怎样，他恢复了这位俘虏的自由。叶卡捷琳娜从来没有想过要这样做。

据说，一个在维也纳身居高位的德国人曾宣称，作为一个世界主义者，他热爱一切民族，只有一个除外，那就是他自己的民族。因为，他觉得虽然德国人有很多优点，但是却有一个他最痛恨的缺点——不懂得宽宏大量。

从这个角度来看，叶卡捷琳娜的骨子里仍然是德国人。她知道如何给予，也懂得如何原谅，但是软弱、痛苦和不幸在高尚仁慈的心灵中所触发的某种情绪，她是完全不具备的。她的思想理解不了这种简朴的壮举，她体现出来的质朴都是一种表演或习惯。她愿意并乐于走下神坛，但前提是离神坛不远。

她在所有与她同时代的国王中最鄙视路易十五，但据说她在暮年常用自己的话重复着路易十五那个著名的说法：“在我死后，哪怕寸草不生。”（原句是“在我死后，哪怕洪水滔天”）。也许确有此事，但她若真要说出这样的话，就是公然抛弃她统治下所取得的一切荣耀，那些时至今日都使她英名不朽的功绩。

Charpter II

第二部　一国之君

第一章 统治的艺术

1

"我喜欢休耕中的土地,"叶卡捷琳娜写道,"我已经说了一千遍了,俄国才是最适合我的。"这些话证明了她的头脑是极其清醒的,至少偶尔能认识到自己的优点。普鲁士的亨利公爵被派往圣彼得堡,他以德国人遵循的钻研精神,对女皇进行了一番深入观察。一天,他对赛居尔伯爵说:"她(叶卡捷琳娜)出类拔萃,在生前就注定要永垂不朽。如果不是在俄国,她可能不会如此光彩夺目。但在属于她的国家里,她比周围的人更聪明。在这样的皇位上,很容易成为伟人。"

叶卡捷琳娜自己也深知,她的成功离不开一个重要因素——运气。她坦率地说:"我就是运气好。"例如,1770 年,她临时任命阿列克谢·奥洛夫为海军上将,作为俄国在黎凡特的海军总司令。奥洛夫在此之前从来没有见过战舰或水兵,只给了一周学习时间,而且他了解到被派去的舰队"毫无战斗力"。他说："我一想到这种情况就汗毛直竖。如果真要对付土耳其人，我们的舰队就完蛋了。"可是这位海军上将和他的舰队最终取得了车斯米湾海战的胜利，一举歼灭了土耳其的一支训练有素的优秀舰队。

1781 年，叶卡捷琳娜对自己的政绩作了一个总结，由新秘书兼总管贝斯勃洛柯起草。寄给格里姆的内容如下：

按新形势建立的政府	29
新建城市	144
签订的条约	30
取得的胜利	78
重要法律法令	88
民生法令	123
总计	492

共计四百九十二件光荣事迹！这份令人震惊的统计朴素地说明了这统治俄国、在某种程度上也主宰着欧洲命运三十四载的天才是多么浪漫、狂妄、幼稚和女子气。读者们看到这里不免会淡然一笑，然而，这个统计与女皇直接领导下取得的丰功伟绩确实是相符的。

难道这一切成绩都是运气使然？当然不可能。亨利公爵的评价太过苛刻，而叶卡捷琳娜本人对此也表现得比较谦逊。一般而言，以叶卡捷琳娜这样的性格，在统治国家时，除了需要好运气，还需具备其他优势。1764 年 7 月 3 日，腓特烈的使者索姆斯伯爵写信给自己的国王说："面对全国的不满和骚动，女皇表现得勇敢而坚定，至少表面看起来如此。就在两天前，军队里发生了兵变，她却带着镇定自若的表情离开了这里（利沃尼亚）。"

莱因公爵在另外一些场合中也提到了叶卡捷琳娜的沉着冷静："只有我一个人看见，对土耳其发出最后声明时，她只在一刻钟内就意识到世事无常，所有的成功和荣誉都是不确定的。但当她离开房间的时候，气氛却和信使离开之前一样平静。"

叶卡捷琳娜的这种态度，给所有人留下了深刻的印象，包括她的朋友以及她的敌人，她从不会为任何人或事所控制，也不会把情绪摆在脸上。1788 年，当与瑞典爆发战争的时候，俄国的军队和政府部门，尤其是前者中，出现了严重的人员不足现象。在欧洲美名远扬的军人安哈尔特伯爵毛遂自荐，表示愿意为叶卡捷琳娜效力，受到叶卡捷琳娜的热烈欢迎。但是当他要求元帅军衔和总司令称号的时候，叶卡捷琳娜拒绝了。这位德国雇佣兵惊讶且愤怒地表示，如果这样的话他还不如回家种菜。女皇非常冷静地回答他："那您就去好好种菜吧。"

为了显示她的威望，叶卡捷琳娜也会时不时地会采取一些特别的策略，比如略显浮夸的言行举止。赛居尔伯爵向叶卡捷琳娜递交国书的时候，就发现女皇的举动"有些浮夸"。但是作为初来乍到者，这些"浮夸的动作"让他感到十分惶惑，以至于忘记了事先准备好的正式演讲，后来他只好即兴发挥。叶卡捷琳娜说，之前有个人比赛居尔伯爵忘词忘得更厉害，他只说了："我王陛下……"。这几个字他重复了三次，说完第三次时，叶卡捷琳娜终止了他的痛苦，表示已经理解他的国王陛下对自己的善意。原本听说这个人在巴黎是有名的智者，但此后，叶卡捷琳娜只觉得他愚蠢透顶。她只有对仆人是真正的宽容。她必须对那些在她面前说话的人发表意见，因为这是她展示"倾听艺术"的方式。莱因公爵说："为了体现自己的专注，即使心里思考着别的事情也要表现出倾听的姿态。"相比之下，莱茵公爵认为他们法国的王后玛丽亚·特丽莎"更具魅力"，而叶卡捷琳娜更显威严。

叶卡捷琳娜也非常注重保护自己女皇的威严。在一次正式的晚宴上，她想对某个外国使节表达不满，便安排了一个尴尬的场面，后来拿破仑经常效仿这个手段来对待外交官。可正当她发表激烈讲话时，却听见秘书赫拉波维奇在轻声对邻座的人说："遗憾，陛下在大发脾气了。"叶卡捷琳娜听到之后便改换了话题，一直到宴会结束都表现得很友好。离开餐桌后，她径直走向自己的秘书说道："您怎么敢当众批评我的发言！"她的声音气得发抖，手中握着的咖啡杯差点掉在地上。她很快将杯子放下，把可怜的秘书打发走了。赫拉波维奇垂头丧气地回到家，以为女皇马上就要发配他去西伯利亚了。这时女皇派人召唤他进宫。叶卡捷琳娜仍然在气头上，一见到他就开始责骂，他连忙跪倒在地。谁知女皇拿出一个镶钻的鼻烟壶，说道："拿去做个纪念吧。今后在公共场合，要是发现我言行不妥，请您不要多嘴，就拿起鼻烟壶嗅嗅，我就明白您的暗示了。"

除了这样的自制力，她对别人也拥有强烈的控制欲，她所表现出来性格、气质和思想，似乎专门是为降服别人而生的。无论是善意的人抑或是狡猾的人，无论是聪明的人抑或是愚昧的人，她都能领导他们朝自己的目标前进，就像一位骑士驾驭着一匹马，一会儿爱抚它，一会儿鞭策它，有时需要用马刺踢它，有时需要用缰绳牵引它，只要有强大意志的驱使，它便会不知疲倦地飞速奔驰。

在第一次土耳其战争中，叶卡捷琳娜和加利津、鲁勉佐夫通过信。加利津是个微不足道的士兵，鲁勉佐夫是个成熟老练的军人，叶卡捷琳娜没有注意到这个差别，在她看来他们都得上前线去同土耳其人作战。他们不可能完不成这个任务，因为在她眼里，土耳其人根本称不上是一支军队，而是一群野蛮人。她说："整个欧洲都在注视着我们。"仿佛有种拿破仑在金字塔旁的气势。后来，鲁勉佐夫将缴获的一把土耳其短剑献给了女皇，她表示如果能带回两个奥斯曼大公，那就更好了。她还不满足于此，又说："如有机会，请您将他们的维齐尔 [1] 带来见我。如果上帝允许，最好是能把他们的苏丹带来。"她为了取胜，用尽千方百计，甚至"要从四面八方放火烧了土耳其"。她向陆军大臣发号施令，以便时

1　伊斯兰国家历史上对宫廷大臣或宰相的称谓。一译"卧齐尔"。阿拉伯语音译，意为"帮助者""支持者""辅佐者"。

刻开展战斗。她说道："先生，我需要很多大炮……大炮贵是贵了点，那又有什么办法呢？"她的语气就像一位向裁缝定做几套服装的贵妇人。

1771 年 9 月，鲁勉佐夫的一名副官埃森上将吃了败战。叶卡捷琳娜并未因此沮丧。俄国有句谚语："哪里有过水，哪里就还会有水。"她写道："上帝保佑我们，也会惩戒我们，以免我们骄傲自满。只要勇往直前，事情就会大有起色。"鲁勉佐夫便率军横渡多瑙河，取得了胜利。叶卡捷琳娜激动得尖叫起来，马上提笔把这个好消息告诉伏尔泰，好让这个消息传遍欧洲。然而，鲁勉佐夫为了执行女皇的军令，消耗了太多人力物力，现在不得不开始撤退。他向女皇解释了军队的状态，猜测女皇身边可能有敌视他的人，故意让他们得不到足够的军饷弹药。叶卡捷琳娜却从来没有发现身边有这样的"能人"，便说："鲁勉佐夫在胡说八道。"毫无疑问，鲁勉佐夫的军队已经疲乏，尤其是来回渡河之后。不过，女皇始终没有忘记为他而建的胜利纪念碑上的题字。他率领着一支仅一万七千人的部队凭借一身本领和满腔热血赢得胜利，只要他不气馁，还将再创辉煌。只需勇往直前！勇往直前！

2

叶卡捷琳娜在与他们的通信中，还体现了她善于管理人才的优点。在这一点上，她简直是不可思议。她集外交官的圆滑、心理学家的洞察力和女神的魅力于一身，在此任一方面，她已达到炉火纯青的程度。有的时候，她把自己的情人当成将军和政治家对待，有的时候，也会把将军和政治家当成情人对待。如果女皇都对某件事束手无策的时候，就会像喀耳刻[1]一样，如果她的命令、威胁或惩罚都无济于事，就会连哄带骗。她希望自己的军队战无不胜，每逢送士兵上前线之际，都对他们体贴入微，甚至放低姿态以迎合众将士。1787 年 10 月，金伯恩战役结束之后，女皇赏赐了大量绶带给参加战役的英雄，并亲手将这些绶带装在花篮里送给波将金。1789 年 9 月，她给舰队指挥官拿骚锡根公爵送了两套长袍，说："这同我去年在奥恰科夫战役前送给波将金公爵的那两件一模一样，他亲口告诉我这对他大有用处。"

她为了满足塞居尔伯爵的文学抱负，便将他的剧本《卡利奥兰纳斯》搬上舞台。邀请他前来观看演出时，女皇抓住他的双手，让他一定要为自己鼓鼓掌。她甚至背诵了十几行剧中的台词，以显示自己早已将他的大作烂熟于胸，恰好这几句台词还暗合了她所强调的政治意图。

1790 年 6 月，拿骚锡根公爵败北，叶卡捷琳娜立即写信给他："望您对我足够了解，流言蜚语不会影响我的判断。我深知您一片赤子之心，我会公正以待。我发自内心地理解您的苦楚，听说您因此卧病，我感到非常遗憾……但是，我的上帝，谁的一生中不会遭遇几次重大转折呢？最伟大的人

---

[1] 希腊神话中住在艾尤岛上的女巫，她善于用药，并经常以此使她的敌人以及反对她的人变成怪物。

也有马失前蹄的时候。已故的普鲁士国王不也是在遭受重大失败后才成为一名伟大的君主吗……公爵阁下，您征战南北，胜仗无数，请务必克服千难万险，迎击敌军，而不是现在请求我撤换一名指挥官。阁下劳苦功高，我必倚重您。在您身心俱疲之时，我必给予支持。"

在所有人都出言反对拿骚锡根公爵的时候，叶卡捷琳娜支持了他。他认为时局不利而一心请辞，叶卡捷琳娜则表示，若他连这些问题都不能解决，将令她无比痛心。她说："我绝不会对忠心替我办事的人见死不救。"然而，宫里宫外依旧对这位海军败将怨声载道。女皇又向他写信说："您只是按照我批准的计划和命令办事。只要我一息尚存，他们绝不敢、我也绝不允许他们对最高权力机关有任何非议。我说您是对的就是对的。这无疑是一个贵族论调，但要不这么做，就要本末倒置了。"

1794 年，伊格尔斯特罗姆将军被华沙人民起义弄得不知所措，而被解除职务。一日，女皇的近臣们当着她的面抨击了伊格尔斯特罗姆，她喝道："别说了，先生们。别忘了他为我效力三十年，俄国是靠着他才得以与瑞典签订协议的。"

从女皇同尼古拉斯·鲁勉佐夫伯爵（第一次土耳其战争英雄之子）的部分对话可以看出，叶卡捷琳娜是如何灵巧地利用那些对她有利的人为之效劳的。

她问伯爵治人是不是一件难事，伯爵答："天底下最难之事莫过于治人。"

"其实，你只需要遵守三个原则：第一就是要让人们以为自己在做着你想让他们做的事。"

"这一条就已经足够了。"鲁勉佐夫伯爵巧妙地打断了她的话。

海军上将契恰科夫的兄弟在宫中当侍从，一天当班时不幸迟到了。女皇知道后，对他玩忽职守表达了意见，不过不是直接批评他，而是当面称赞了他的父亲，说他父亲在效劳的五十年里始终忠于职守。在场的人还以为这名年轻人得到了女皇的赏识，直到他自己坦白，说从未感到如此惊慌失措过。

叶卡捷琳娜后来说："我的准则就是大声夸奖，小声斥责。"

很难想象，女皇随随便便一句话、一个手势或者最微妙的表情对她身边那些单纯又敏感的人来说究竟有多么大的威力。在雷维尔港任指挥官的沃伦佐夫将军，得知自己触怒了女皇之后竟中风而死。军士斯捷潘给女皇带信，报告他们攻克了一个要塞的消息，他获得了一枚四级圣弗拉基米尔勋章，女皇更是亲自为他佩戴在胸前。三十年后，俄国皇帝尼古拉在加冕之日，想为斯捷潘加官晋爵，他却归还了新的勋章，因为他无法舍弃从"沙皇母亲"手中获得的那一枚。

3

叶卡捷琳娜的统治并不是毫无缺陷，由于性别因素，她始终无力克服作为一个女人的依赖性和软弱。有一天她突然叹道："啊！如果我生来就是穿裤子而不是穿裙子的，我就可以放手一搏了。统治者既要用眼，还要用手，可女人生来就只会用耳朵。"可裙子不是她唯一的阻碍。还有一个阻碍在于，她作为一个伟大的管理者，她深谙如何用人，却不懂如何选人。她向来目光尖锐，头脑清醒，在选人上却失去了效用。她能看清自己身上的优点和缺点，在别人身上却看不清楚了。这种一时糊涂大概还是性格造成的。她丰富的情史妨碍了她对人做出正确的判断，她首先看到的是一个她喜欢或不喜欢的男人，然后才会看他是不是合格的将才或政治家。她主要注意的是对方是否具有浪漫气息或者迷人的外表。她看上波将金也许是个例外，波将金是个狂人，但至少是个天才的狂人，他拥有自然之力，这种力量让他在俄国这片"休耕地"上发挥了无限的价值。在波将金之后还有祖伯夫，而他就是个傀儡，叶卡捷琳娜却误将他当成了天才。

她经常犯类似的错误。鲁勉佐夫向她推荐了自己的副官魏斯曼上将，认为他完全有能力取代自己的地位。叶卡捷琳娜同魏斯曼谈了三次话，仔仔细细考察了一番，得出的结论却是"他是个十足的莽汉"。不久之后，可怜的魏斯曼在库楚克凯纳吉战役中牺牲。据知情人说，他是一名优秀的军人，勇士中的勇士。一位历史学家还称他为"俄军中的阿喀琉斯"。

判断失误不可怕，可怕的是叶卡捷琳娜一而再、再而三的失误。固执的女皇形成了先入之见，并将这种严重的错误变成了一种制度，即谁更顺从她，谁就胜出。这样的准则，使她的一众追随者都感到不安。

她写信给格里姆："请告诉我，有哪位君主在择人用人时比路易十六还顺从社会舆论？可路易十六的下场我们也看见了。要我说，哪个国家都不缺人才，问题不在于选人，而在于如何利用现有的人。常有人说我们缺少人才，可俄国风调雨顺。彼得一世手下甚至有不会读写的人，他不也是很成功吗？所以，何来缺乏人才一说呢？人有的是，就看你怎么用。万事俱备，只欠一个鞭策者，正如马车夫一样。一颗勇敢的心在哪儿都能开辟出道路，不能因为某些人眼光狭窄，就说他的主人也同样愚笨。"

她又说道："从来都不会缺少有才之人，因为人创造事业，事业也创造人。我从来没有刻意寻找过，但我总能在为我效劳的人中发现他们。"

有一天，她突发奇想，对莱因公爵说："公爵阁下，除了我还有谁知道，有的官员竟然还不清楚海沿海城市有港口！"她还说，"我们并不缺乏想法，只是常常用错想法。"

1774 年，毕比科夫去世之后，她不知道还有谁能对付得了普加乔夫，差点儿亲自跑去莫斯科镇压起义。于是她召集会议，格里戈利·奥洛夫声称他睡眠不足，脑袋空空如也，拉祖莫夫斯基、加利津沉默不语。波将金是她钦点的大将，只有潘宁敢发表意见，他建议女皇召见他的兄弟潘宁上将。此前潘宁上将一直未得重用，因为女皇认为谁都能很好地完成他的工作。大难当头,叶卡捷琳娜不得不屈尊请求他回来,最终,潘宁上将救回了俄国,救回了叶卡捷琳娜头上的皇冠。1788年,与瑞典第一次交锋之后,她将三名护卫舰舰长交送军事法庭,翌日她写信给波将金:"他们都应该受绞刑,但是他们的职位后继无人,除非有人从天而降。"

由于她的事业和想法总是变幻莫测,她大量任用一切可用之人。她在"事业创造人才"的信条下,一个劲儿地扩大官职数量。据说,如果排除俄国的两个首都以及一些人口较多的城市,其他省份平均每十个人中就有一个官吏。叶卡捷琳娜认为,每个人的价值都是一样,所以不论是谁,只要说一句冒犯她的话,或是脸上出现了她不喜欢的表情,或是出于她自己喜新厌旧,都有可能被冷待甚至罢免。1788年,在苏沃洛夫时代到来之前,俄国最伟大的战士鲁勉佐夫还活着,尚能率军作战,并且车斯米海战中的英雄阿列克谢·奥洛夫向女皇表示,自己希望再创辉煌。但是,叶卡捷琳娜早就为波将金牺牲了这二位,她便在英国、荷兰和德国寻找海、陆军上将。最终她找来了拿骚锡根公爵,他一开始就以伪装出的勇敢和花里胡哨的服装取得了女皇的欢心,结果叶卡捷琳娜却为此付出了惨重代价——俄国一艘分舰队全军覆没,在年轻的俄国海军史上留下了第一次败笔。

叶卡捷琳娜异常的乐观主义得到了她的老战友波将金、拿骚锡根公爵等人的支持。

有过这样的轶事,说在她南巡克里米亚的途中,有人在路两旁放满了一幅幅在帆布上画着的村庄风景。但是，当你听见否定这种无稽之谈的见证人的论辩，反而会相信这种无稽之谈了。莱因公爵就是见证人之一，他发现叶卡捷琳娜几乎没有下过车，所以她看到的只是人们想让她看到的东西，她只能自己想象着城市已经建成，并且住满了人。实际上，"这个城市根本没有街道；即使有街道，街上也没有房子；即使有房子，房子上也没有屋顶门窗"。

1787 年叶卡捷琳娜二世克里米亚南巡

哈尔科夫[1]省省长瓦西里·车尔科夫向居民发布了女皇

1　现乌克兰州名和市名。18 世纪中叶，是俄罗斯南部重要的手工业和贸易中心。

驾到的通告，并指示他们在这个隆重场合应如何表现。这就同上述轶事是一个性质。他规定，在女皇途经期间，居民必须穿上最好的衣服，女孩们必须精心梳妆，头戴花环；当女皇经过的时候，要向她抛掷鲜花；所有人"要适当地表达出自己的欢乐"；道路两旁的房子要重新粉刷，房顶要翻新，门窗要张灯结彩，最好是挂上好看的毡子；所有人不得酗酒或向女皇递交诉状，违者处以鞭刑或劳役。此外，地方当局还须注意，在女皇所经之地不得有食品涨价现象。谢尔巴托夫公爵也提到，女皇在莫斯科逗留期间，所有乞丐都被赶走了，他说："女皇看了，但没有看见。"因此，女皇得出了"俄国没有人忍饥挨饿"的结论，并且十分认真地将这件事告诉了格里姆。

征服和兴建克里米亚半岛不过是一场规模宏大的舞台剧，将其搬上舞台的是天才导演波将金。后来随着波将金的逝世，这场舞台剧也就烟消云散了。看见波将金的努力之后，你甚至分辨不出这项工作最令人佩服的地方在哪里，是他强大的执行力、丰富的想象力，还是他同叶卡捷琳娜将这一切信以为真？他们想在几年内，将沙漠开垦成一个精耕细作、人口密集、工业和艺术发达的地方。波将金说干就干。他在草原上种下一片森林，引进常吃的蔬菜种子，栽种葡萄藤和养蚕用的桑树，建造工厂、剧院、宫殿、营房和教堂。他要让城镇覆盖整个半岛，城市的发展令人咋舌，甚至超越了近现代美国惊人的发展速度。1784年，他们要在这里选择首府的地址，首府名为"叶卡捷林诺斯拉夫"，意为"叶卡捷琳娜的荣耀"。定下选址两个月后，他们提出了开办大学的计划，不仅欢迎本地人，也欢迎来自全欧洲的求学者。不久，在第聂伯河右岸出现了大批工人，率领他们的是西涅尼柯夫中尉，他们的第一笔经费为二十万卢布，工厂便投入生产了。这个城市将在沿河绵亘二十五俄里，共三百平方俄里，街道宽二百英尺。城市中将建一座公园，里面有植物园、鱼池等附属设施。在城市中央，将为波将金建立克里米亚公爵府，周边是其他行政机构，接着是工人居住区、作坊、工厂、未来的居民区。这里共开设十二间大工厂，其中一间是丝绸厂，建厂的资金已部分到位。市政厅将建成古罗马长方形廊柱大厅式样，市集、交易所、剧院、音乐学院、教堂都将仿圣彼得堡式样。波将金称，一切物资都已到位，还聘请了一批大学和音乐学院的教授。

以上都是草案，现在来看看实际进展。波将金的宫殿被建成了温室，一处种菠萝，另一处种月桂、橘子，剩下的种石榴、海枣，等等。丝绸厂也落成了，共耗费二十四万卢布，投产两年后，因种种原因倒闭了。为了养蚕，还专门从外国重金请来专家，结果每年只能产出二十磅生丝。其他大计尚未实现，但是叶卡捷林诺斯拉夫还是有望发展成一个小省份。1787 年，约瑟夫二世[1]为建造赫尔松放上第一块基石，他说

1　奥地利哈布斯堡洛林皇朝的神圣罗马帝国皇帝（1765—1790 年在位），以开明专制著称。

在他之后，叶卡捷琳娜将放上最后一块石头，此言没有成真。

在俄国其他地区，也在迅速新建行政和工业中心。1787年，诗人杰尔查文[1]陪同彼得罗萨沃斯柯省长去参观一个新城市，这是那个区域的主要城市。结果他们怎么也没有找到这个地方，原来这个城市只存在于公文中！

不过克里米亚确实被征服了，而且向那里移了民。塞居尔伯爵说："这就是俄国专制政权和绝对服从中最神奇的地方，无人口出怨言，虽百废待兴，一切皆如常进行。"

在叶卡捷琳娜的统治下，整个国家"持续运作"，很大程度上靠的是"绝对服从"。英国银行家萨瑟兰德在圣彼得堡有一个奇幻经历。一天，警察局长列雷夫去向萨瑟兰德传达女皇的命令，列雷夫表示虽然他很尊重女皇陛下的意志，但是这个命令让他难以接受，不过他别无选择，只能照办。总之，这个命令就是将银行家制成动物标本，可怜的萨瑟兰德惊恐万状。好在这个误会得以及时澄清。女皇的本意是将她去世的爱狗制成动物标本，而列雷夫将这只狗的英文名字同银行家混淆了起来。英国医生丁姆斯戴尔在笔记中也提到过一些在俄国时的见闻。他为女皇接种牛痘之前，找到一个普通农家小孩，欲从其身上取一点血清，以便给女皇接种。小孩的母亲不同意，因为民间认为这样做会致使孩子死亡。但孩子父亲打断道："就算女皇陛下让我们砍掉孩子的双腿，我们也没有理由不照做。"

1　俄国诗人，1782 年以歌颂叶卡捷琳娜二世的《费丽察颂》受女皇提拔。

叶卡捷琳娜平日挥霍无度,她给出很多,但拿的更多。各级政府部门也是如此。一天,叶卡捷琳娜正犯头疼,还开玩笑说这样头痛毫不奇怪,因为她在账单里看到自己每天要在头发上用掉超过三十磅的香粉。从这个细节我们可以推测其他人的情况。但哈里斯向英国提交的账目中,记录了他的法国同行花费"数万英镑"贿赂俄国官员的细节,但这一点可能不太真实。德布列特男爵是当时法国唯一能调配如此巨款的大臣,他从来没有利用过这笔钱,但他的继任者们曾为了收买人心或某些秘密文件花了几万英镑。这种举动在凡尔赛宫是无益且危险的,在叶卡捷琳娜的王朝也没能取得好处。从 1762 年到叶卡捷琳娜去世,俄国只有一个人敢公然腐败,那就是叶卡捷琳娜自己。可以肯定的是,她这么做主要是为了帝国的利益,金钱是帮助她成就伟大事业的资源。

接着,我们将看到叶卡捷琳娜利用这些资源取得了哪些成果。

第二章 国内政策

1

幸福的民族没有历史。从 1775 年算起，从俄国国内形势来看，这个民族完全可以将自己归入幸福的民族之列。在全力镇压了普加乔夫起义之后，叶卡捷琳娜第一次觉得身心俱疲。后来她一心投入外交政策，征服克里米亚、发动第二次土耳其战争、第二次和第三次瓜分波兰、策划反对法国革命的运动等。直到 1775 年，不论出于个人还是形势，她决定将精力放在国内各方面。首先从对付危及她统治的势力开始，开展了一系列斗争，采取镇压措施，取得了不凡成就。

1762 年 10 月，有人揭发彼得·赫鲁晓夫同他的兄弟西蒙、伊凡和彼得·古里耶夫欲重建伊凡－不伦瑞克[1]政权。彼得·赫

---

1 伊凡六世，俄罗斯帝国皇帝，为安娜·伊万诺夫娜的外甥女、梅克伦堡的安娜·利奥波德芙娜和不伦瑞克的安东·乌尔里希之子。1740 年，其母安娜发动政变而即位，1741 年，被女皇储伊丽莎白·彼得罗芙娜发动政变推翻。母子被囚。

鲁晓夫及其同谋获罪后被流放。其中，赫鲁晓夫参加了贝尼奥斯基[1]发起的西伯利亚流放者暴乱，成功逃出俄国，一路经历了各种奇幻冒险，最终到达西欧，在法国军队中当了上尉。这场阴谋真假难辨，因为法庭当时没有确切证据指证被告的犯罪意图，这一事件常与后来另外一件牵扯到达什柯夫公爵夫人的事件混淆起来。

1763 年 5 月，叶卡捷琳娜去莫斯科庆祝加冕礼，当天她下令逮捕了一些叛国者。不幸的伊凡当时正在监狱中苟延残喘，与这件事没有关系。事实是，以费多尔·希特罗沃为首的积极拥护叶卡捷琳娜上位的一些人，听信了女皇要同格里戈利·奥洛夫结婚的谣言，他们认为这有损国家利益，于是共同谋划阻止女皇的行动，若她一意孤行，便将她的宠臣格里戈利·奥洛夫杀了。希特罗沃第一个就被捕了，同谋者包括潘宁、捷普洛夫、巴谢克、达什柯夫公爵夫人等，大多是 7 月 12 日政变中的英雄。达什柯夫公爵夫人受审时称自己一无所知，如果有所闻也一定会保持沉默，而且，她已经协助叶卡捷琳娜登上了皇位，如果女皇执意要她的脑袋，她已做好准备。不过，这个事件没有引发严重后果，只有希特罗沃一人被流放。此外，大臣在莫斯科大街的一片鼓声中宣读了女皇的旨谕，几乎同伊丽莎白 1757 年 6 月 5 日宣布的旨谕一模一样，即禁止居民参与与他们本身无关的活动，例

1　生于当时为匈牙利王国领土的斯洛伐克，1768 年在波兰参加巴尔同盟对俄国的战争被俄军所俘，囚禁在西伯利亚的监狱三年，1771 年越狱逃亡。

如与国家有关的事务等。1772年，又重新颁布了这道命令。

与此同时，罗斯托夫[1]的大主教阿塞纳·马谢耶维奇发动了一次更大胆的叛乱。女皇发布的有关东正教神职的政策遭到教会代表们的强烈谴责。在最初登基的时候，她还极力反对彼得三世对教会所采取的措施，重新批准了彼得三世取缔的私人教堂，禁止剧院上演异教剧本，加强书刊审查。最后，她还撤销了彼得三世没收教会财产的法令。可是叶卡捷琳娜此时突然改变了心意，觉得没有必要再顾忌教会了，便取消了所有保护教会利益的举措。部分归还了教会的财产后又被充公，大部分教会成员又默不作声，一如被彼得三世压制时那样。只有阿塞纳站出来维护自己被剥夺的权益，他在做礼拜时引用了新的经文，打着清除教会敌人的幌子，实际上是在针对叶卡捷琳娜。他遭到了逮捕，被带至女皇面前，他破口大骂，女皇不得不捂住自己的耳朵。最后，他被判革除职务，关进修道院，强迫他干一些挑水砍柴的重活粗活。四年后，他还想造反，只好将他从修道院赶进雷维尔要塞监狱，在那里他无法用俄语与人交流，因为那里的看管只说立陶宛语。他死于1772年。一年之后，一个名叫斯莫林的商人学阿塞纳替教会抗议，他甚至公然给女皇写信，在信中恶言谩骂，指控女皇没收教会财产是为了赏赐她的一众情人。信的结尾是这样写的："你就像法老一样铁石心肠……你整天扬言要惩罚盗贼土匪，那你的恶行又该受到什么惩罚呢！"叶

1　俄罗斯西南部城市。

卡捷琳娜意欲向诽谤她的疯子表示自己宽大为怀，只判处了他五年监禁，出狱后又遂了他当修道士的要求，再之后就没有听过他的消息了。

自洛普夏宫惨剧发生之后，1764 年，伊凡之死给叶卡捷琳娜的王朝染上了新的血污。伊凡沙皇在两岁的时候，即1741 年，就被伊丽莎白夺取了政权。起初伊丽莎白将他同家人一起囚禁在北极苦寒之地的霍尔莫格雷，后来不放心的伊丽莎白又将他单独关押在施吕瑟尔堡监狱，就这样在黑暗的地牢中长大成人。据说，他心志薄弱，不太会说话。但无论如何他曾是皇帝，既然能一夜之间失去皇位，也能在一夜之间得回皇位。他仍然是个威胁。1764 年 9 月，叶卡捷琳娜在位期间伊凡一命呜呼。人们对于伊凡之死有太多争论，历史学家也很难说清楚。已知道事件真相是这样的。一名驻守施吕瑟尔堡的军官米洛维奇集结了一帮人，要率领他们解放"沙皇"。但是伊凡身边有两个寸步不离的守卫，他们得到过严格的命令，宁可杀了囚犯，也不能让他逃跑。所以他们杀死了伊凡。人们怀疑叶卡捷琳娜女皇与谋杀有关，可能是她和米洛维奇串通好的。最后，米洛维奇被处以死刑，他在死前一言未发。

对米洛维奇的审判确实有诸多疑点，比如女皇下令对该案同犯一律不予追查。实际上肯定有同谋者。而且米洛维奇的家人也没有受到审讯。所以，以如此模糊的证据根本难以指证叶卡捷琳娜有嫌疑。事发当时她身在利沃尼亚，听到消息后没有即刻回程，也没有改变行程。在此次事件中，叶卡捷琳娜再次展示了她所拥有的强大意志。

1771 年到 1775 年，俄国国内遭遇了最为严重的危机。在俄国过去的任何朝代，从不乏僭号称帝之人。留里克王朝[1]灭亡后，从 17 世纪上半叶开始，每隔不久就会有人僭号称帝。在叶卡捷琳娜统治下，这种人不断出现。1765 年，先后有两个逃兵都称自己是彼得三世。1769 年，一名逃兵竟称自己是伊凡沙皇。可见，普加乔夫不过是继承了前人的事业。但这一次，叶卡捷琳娜遇上的可不是一些含糊其辞或微不足道的阴谋，也不是几把斧头几条鞭子就能轻易解决的叛乱。暴风雨即将来临，它不仅要推翻皇位，还要摧毁整个帝国的根基、整个政治和社会制度。

在革命中，皇冠永远属于善于夺取的一方。此番斗争不仅是篡位者与皇帝之间的斗争，也是新制度与旧制度之间的斗争。新制度代表的是叶卡捷琳娜根据彼得一世及其子孙的遗志所建立起来的一切事业，而旧制度代表的是广大人民所处的一种介于组织社会和无序状态之间的生活，这种混乱是这个民族在蒙昧时代的存在方式，是中央集权和民族离心力之间特有的自然状态。此番斗争也是社会最底层大众反对少数特权阶级的强烈呼声，是民族良知对伏尔泰之流的哲学家和诗人歌颂新王朝的无声抗议。

---

1 统治东斯拉夫人的古罗斯国家的第一个王朝，是由来自北欧的瓦里亚基人建立的，其首领名为留里克，故称为留里克王朝，882 年开始定都于基辅，故又称基辅罗斯。

叶卡捷琳娜创造了无与伦比的辉煌，名扬四海，权倾一世，身边围绕着数不清的名流和宠臣。但她对最底层的穷苦大众几乎没有作出任何贡献，农民还和以前一样受苦受难，享受不到王朝丰功伟绩带来的成果，甚至根本对此一无所知，这一切只会加深他们内心深处的痛苦和愤怒。彼得三世短暂的统治期间，他们一度看到希望的曙光。彼得将教会资产世俗化，那些受教会压迫的农奴有望恢复自由，他们以为这是解放农奴的第一步。但众所周知，叶卡捷琳娜上台后没有追随丈夫的脚步。宗教分裂运动在这次暴动中起到非常关键的作用，所有心怀不满的人和叛乱分子都结成同盟，来反对叶卡捷琳娜和她创立或支持的制度。如今，普加乔夫不过是一种催化剂，将广大无产阶级的仇恨和欲望酝酿成一场风暴。在此之前，其实就已经出现过零星的农奴暴动了。1768年，仅莫斯科一处，就发生了九起农民杀死地主的事件。1769年又发生了八起，其中一名受害者就是七年战争的英雄人物之一列昂节夫将军。

普加乔夫是顿河流域哥萨克人之子，曾参加七年战争，表现出色。之后参加过土耳其战争，但是他逃跑被抓，之后又逃脱了，从此之后过上了亡命之徒的日子。后来挑起了这场腥风血雨，最终丢了性命。由于他与彼得三世长得惊人的相似，所以打着彼得三世的名字发动了农民起义，但从后来保存下来的普加乔夫画像来看，他与彼得并无相似之处，彼得长得像五官不正的猴子，普加乔夫则长着一张典型的俄罗斯农民脸。他就像其他僭号者一样，只是利用了彼得三世的名号。但在这关键时刻，他没有主动发起这场酝酿已久的运动，甚至也没有想过领导运动，而是被这场波澜壮阔的运动推到了前列，盲目地向前冲去。这场可怕的起义将半个俄国烧成了废墟。四年后，纪律严明的队伍战胜了这群乌合之众。普加乔夫被潘宁上将的一名副官抓获，用木笼囚车押往莫斯科，被判处了大卸八块的死刑。但刽子手遵从叶卡捷琳娜的命令，在将他大卸八块之前，先砍下他的脑袋。叶卡捷琳娜想以此表明她比路易十五人道一些。

在这次起义中，普加乔夫的表现非常古怪。他一面反对以叶卡捷琳娜为代表的统治，一面却在自己的队伍中复制这种组织形式，连最细小的外部细节都模仿过去。这位僭号称帝的普加乔夫同一位民间姑娘结婚以后，将一些年轻的农妇交给她，并强迫她们学习官中侍女的礼节。为了满足自己沙皇的幻想，他还以叶卡捷琳娜身边人物的名字给自己身边的人命名，有个人被改叫车尔尼雪夫，并授予其陆军元帅称号，还有人被称为沃伦佐夫伯爵、潘宁伯爵和奥洛夫伯爵，等等。最后他们为这场的闹剧付出了惨重代价。

叶卡捷琳娜早年力图修正社会不公的热情在这场暴乱中一去不返。俄罗斯除了巨大的物质损失外，还失去了女皇早期的人道主义统治原则。这可怕的四年给叶卡捷琳娜女皇统治后期的国内政策打下了深深的烙印，正如浴血奋战中留下的伤疤一样不可磨灭。在这场暴乱中，死去的不仅是刀枪棍棒下的人，还有叶卡捷琳娜的某些思想。她带着这些思想登上皇位，或许这是她拥有过的并且给俄国带来过的最宝贵的思想，如今却永远埋葬在这片战场上。

至于警察机关，从 1775 年到现在，叶卡捷琳娜所建立的制度从某种意义上来说，像是跟彼得三世在较劲。彼得曾撤销过邪恶的秘密办公室，这是俄国几个世纪以来的耻辱。叶卡捷琳娜自然不会恢复这个令人厌恶的陈旧机制，但是她巧施伎俩，不动声色地做着类似的工作，由斯蒂芬·伊凡诺维奇·柴可夫斯基打理一切。流传着很多关于这个神秘工作者的传说，并且无一不和叶卡捷琳娜的名字联系在一起，给叶卡捷琳娜的形象蒙上了一层阴影。

柴可夫斯基是她狡猾而虚伪的国家机器，既没有正式的头衔，也没有正式的组织，但他几乎无处不在。不过他从来没有逮捕过任何人，只是邀请别人去他家用膳，没人敢拒绝。用餐过后，就开始谈话，这儿的墙壁密不透风，谈话的秘密从来不会泄露。他总是邀请客人坐在一把专门的椅子上，谈话的时候这把椅子会突然铐住坐在上面的人，沉到地板之下，只留那人的头和肩膀在地面之上。柴可夫斯基的秘密助手会对其下半身处以一定程度的酷刑，而柴可夫斯基此时却转过身去，装作什么都没看见的样子。行刑完毕，椅子又恢复了原位，这时柴可夫斯基转过身来，微笑着继续刚才的谈话。据说，一个年轻人在去之前有人提醒过他，幸亏他头脑灵活，体格强壮，席间他设法将柴可夫斯基推到了这个致命的座位上，紧接着就离开了。结果可想而知。柴可夫斯基死于1794年，留下了一笔巨额遗产。

2

在司法管理方面，叶卡捷琳娜进行过几项重要改革，改革的成果得到了多方赞赏。但是同时代的韦恩斯基对改革的评价则严厉得多，也许他才是一个公正的裁判。改革之前俄国只有五十个法官，而改革后增加到了三百二十个，但是根据新的规定，这三百二十名法官要分配到四个区，每个区八十名。"对可怜的农民来说，这项改革最明显的结果就是，他本来每年只要给镇上带三只羊，现在必须带十五只羊才行。"韦恩斯基补充道："也许陌生人会因此赞赏这位北方的塞米勒米斯，但对我们俄罗斯人来说，这不过是一场木偶戏。"

叶卡捷琳娜在简化俄国的法律程序方面也下了不少努力。1769年，一名莫斯科商人波波夫被繁复的法律手续折磨不堪，遂在法庭上大喊俄国没有正义。女皇命人在会议记录中将这句大胆的言论抹去了，但她同时也下令，应尽快解决波波夫的麻烦，"好让他看到俄国的正义"。

女皇至高无上的热情是值得赞扬的，可惜收效甚微。俄国这台机器太过庞大，即使像她一样精力充沛的人，也无法将这沉重的齿轮转得快一些。1785年，一些法国造船商因第一次土耳其战争遭受了损失，一直未得到圣彼得堡方面的赔偿，塞居尔伯爵作为他们的代表说，他能做到的只不过是将一周一周的拖延变成一天一天的拖延。他补充道："对于当前的债务，我必尽我所能帮助他们，但我要事先向他们说明，可能一切都是徒劳的。英国使者和我都见过类似悲惨的经历，如果债务人拒绝付款，只凭信用证在这里是无法获得款项的。虽然法律有明文规定，但是法官的腐败、法庭的不作为以及种种惯例，总是有利于债务人的。现在里昂先生的案子正在审理中，可债务人公开表示，就算有办法判他败诉也没办法让他给钱。俄国法庭在执行有关债务问题的法令时，所表现出的这种难以置信的过失，主要是因为债务人普遍面临破产的混乱状态以及官商相护。"

当司法机关的判决过于严酷时，女皇经常行使她的最高司法权来减轻这一判决，这是最行之有效的方式。叶卡捷琳娜声称她从未签署过死亡判决，可是却将普加乔夫和米洛维奇送上了死刑台，为了撇清这一事实，她不无托辞。她宣称自己与那些暴行有直接牵连，所以选择放弃她作为最高法官的特权，因为她不能既是法官又是当事人。

叶卡捷琳娜其实是坚决反对刑讯折磨的。然而，在1765 年到 1774 年间的一件纵火案审讯中，被告被严刑拷打了三次。

有这样一个我们无法考证的传说，其中，叶卡捷琳娜亲自审理了一件我们今天称为"激情犯罪"的案件。案情极其复杂。一个乡下有钱人家的姑娘和一个年轻的穷小子相爱了。他们二人在家时，姑娘的父亲突然回来了，姑娘便将情人藏在了床垫里。在俄国，即使是有钱人家，一家人同睡一张床的现象也很普遍。父亲躺下睡觉，把那个不幸的年轻人闷死了。后来一个邻居进来听说了这件事，便将尸体带出去抛进了大海。但是为此，他要求这家人将姑娘嫁给他，姑娘后来怀孕生子，他将婴儿也溺死了。后来，他开始问妻子要钱，这个姑娘只好去偷父亲的钱来给他。一次，他强迫妻子跟他去酒馆，当众羞辱她取乐，她离开的时候放火烧掉了这间酒馆，顺带烧死了酒馆里的人。她遭到逮捕，被控盗窃罪、杀婴罪和纵火罪。法庭通过了判决，但叶卡捷琳娜最后赦免了她，只让她去教堂忏悔了事。

3

叶卡捷琳娜在整个政治生涯中，最持久、最富有成果的活动还是体现在管理上。她涉及了大量领域，甚至写下了一部关于建立制造业的长篇大论。1783 年，她还改革了官员命妇的礼服，欲使其价格更便宜，但制造商不乐意了。戈罗伏金伯爵在回忆录中提到，伊丽莎白曾经禁止大美人纳里希金娜穿箍骨裙，以防止她的曼妙身姿将自己比下去。不知是否出于个人原因，叶卡捷琳娜颁布了禁奢令，因此大公夫人从巴黎回来时，不得不将贝尔丹小姐塞进她箱子里的奇珍异宝都原封不动地退回去。总之，叶卡捷琳娜虽然精力充沛，用心良苦，但是她在管理方面表现出来的特点就像在其他方面一样，不完整、不彻底，反复无常、随心所欲。

1787 年，塞居尔伯爵写道："俄国一下子建立起来的东西太多了，但是过犹不及。他们发展第三产业，吸引外商，兴办工厂，扩展农业，增发纸币，提高汇率，兴建城市，开垦荒漠，在黑海建立新舰队，征服邻国，将影响力扩散到整个欧洲。他们同时开发了太多事业。"

叶卡捷琳娜也面临着一些巨大的困难。执政第一年，她发现专门研究国家管理问题的枢密院连一张地图都没有，在处理一些地方问题时，他们甚至还要纠结这个地方到底是在黑海边上还是白海边上。她果断派人去科学院花五卢布买了一张地图回来。各级政府部门普遍存在滥用职权现象，她全力以赴地打击这种行为，俄罗斯帝国在这方面的很多成就应该归功于叶卡捷琳娜。当然，也有一些困难是她解决不了的。一次，她派身边的警卫莫恰诺夫去莫斯科代表她侦查和处置某件腐败案。但是俄国当时是一个处处需要通行证的国家，所以莫恰诺夫为了获取路上所需的通行证，要从一个办公室走到另一个办公室，中间耽误了三天时间。因此，贪赃枉法的官员就争取到了销毁罪证的时间。从上至下，各级政府都存在着严重的腐败问题。1770 年，莫斯科发生疫情，警察与卫生官员们沆瀣一气，向城市资产阶级征税，先宣布他们感染了瘟疫，医生假装检查他们时，把硝酸银涂抹在他们的手上，很快就有黑色斑点出现，这些人就要被隔离。如果他们不花钱打点上下，被隔离之后整个房子也会被掠夺一空。

叶卡捷琳娜建立的机关中，历史最久、造福最广、管理有方的机构之一便是建于 1763 年的孤儿院。以前从未有哪个慈善机构能获得叶卡捷琳娜赐给这所孤儿院的特权和福利，如免除税收和公役、享有自治权、被收养的孩子以及为其服务的工作者享有人身自由、抽彩专利、享受剧院部分收益等。女皇拨了五万卢布用来维持孤儿院的运营，慈善家普罗柯菲·杰米多夫全力出资建造。贝茨基被任命为第一任院长，他将毕生财富（约两百万法郎）都捐献给了孤儿院，并兢兢业业地服务了二十年。1775年，贝茨基出版了《叶卡捷琳娜女皇关于青少年教育机构的计划和章程》，专门介绍了这个伟大的项目。狄德罗则在海牙翻译并出版了该书，他添加了这样几行字："时间和君主的伟大决心将使得这些建设变得尽善尽美，其中不乏已然成熟的成果，到时人们会想亲自去俄国一探究竟，就像人们去埃及、拉洒第梦[1]和克里特岛一样。但是我敢说，旅游者的好奇心会在这里得到前所未有的满足。"

去俄国游览的人确实越来越多，不完全是因为狄德罗所预言的目的，不过他的预言将来总有一天要完全实现的。

4

叶卡捷琳娜的政府存在的另一个问题就是财政政策。她的日记中提到过她登基时俄国的财政政策，但是只有一小段："我发现驻扎在普鲁士的军队已有八个月分文未领，国库中尚有一千七百万卢布债券未支付，一亿卢布通货有四千万流到国外，几乎所有贸易都有私人垄断。曾经伊丽莎白女皇想从荷兰贷款两百万未果，在国外毫无信用可言，在国内农民

1　斯巴达的别称。

处处暴动，部分地区的地主也在效仿暴动。"

这是彼得一世所建立的体制，并且他从未想过改变这种体制。这是鞑坦人统治时期和东方习俗结合的产物。几年前，一份研究俄国财政的报告中说道："凡是可以征税的东西，都要征税，农民的长胡须都可以征税，留长胡须的农民要进城，过关就要交税。为了带来税收，当权者诉诸于火和剑、军事委任状以及长达几个世纪都在使用的酷刑。国库亏空，税收被造假、侵吞、用于博彩。最终走上绝路，将应当课税的物品冲抵税款，于是 1729 年建成了'充公办公室'。"

面对这些状态，叶卡捷琳娜如何是好？最初，她想用治标的方法，将自己腰包里的钱都拿来贴补国家亏空。接着她尝试着努力改善公共财政机构，其最大缺陷在于缺乏整体性，帝国的财政掌握在不同的机构手中，彼此相互独立，互不干预，只想方设法榨干彼此。叶卡捷琳娜想将这些机构统一起来，强化集权。她进行了单独改革，消除了一些商业集团的垄断和特权，消除税收操纵，这些措施稍微增加了国家收入，但总体水平不高，不超过一千七百万卢布。现在的问题是，如何使之适应政策的新要求，赶上欧洲列强，达到法国的五亿法郎或英国的一千二百万英镑的预算。叶卡捷琳娜觉得赶上还不够，必须要超过他们。她在国内发展着雄心勃勃的事业，打造出壮观奢华的宫殿，对欧洲使节慷慨馈赠，赏赐宠臣大把的金钱，想象着"太阳王"路易十四的丰功伟绩在自己的光辉下黯然失色。

她几乎成功了。

第一次土耳其战争消耗了四千七百五十万卢布。缓了几年之后，紧接着又是出征克里米亚、第二次土耳其战争、瑞典战争、瓜分波兰、远征波斯，等等。国内开支也不小，在执政三十四年内，她单在宠臣身上就花了近五千万卢布，养着一个腐败奢靡的宫廷也需要很大一笔数目。从1762年到1768年，仅彼得霍夫宫有账可查的支出就达到十八万卢布，可1768年6月，当女皇来到彼得霍夫时，却发现整个宫殿颓圮不堪。钱显然用到别处去了。1796年有大约八千万卢布的预算，可叶卡捷琳娜不得不支付她的债务。

她清偿了所有债务。在她的整个统治生涯中，她承担了一切开支，为阿列克谢·奥洛夫的军舰训练付钱，为波将金耗费巨大收益甚微的工程付钱，为伏尔泰的理想付钱。金钱如水从她指尖流走，但她似乎从来没有缺过钱，或者至少表现得不缺钱。她是怎么办到的？在解决帝国财政问题时，他们的政府从来没有想过采取下面的权宜之计，虽然这种方法

俄国画家鲍罗维柯夫斯基所画晚年的叶卡捷琳娜二世

在西方国家的实践中一败涂地，但吸引力却是很大的。彼得三世上台以后，立即颁布了建立银行和发行五百万卢布纸币的法令。彼得的想法起初并没有吸引叶卡捷琳娜，而且她并不完全理解纸币的运作方式，在她看来没有多大用处。但在1769年，土耳其战争下的紧迫状况打消了她对这一方案的反感和顾虑，从此以后，叶卡捷琳娜找到了提升财政状况的有力手段，1769年到1796年间，这种方法维持着她治下各项事业的发展，填补了她挥霍无度带来的资金缺口，也给她带来了莫大的财富和荣耀。在27年的时间里，叶卡捷琳娜发行了1.377亿卢布的纸币，加上约4.8千万卢布的国家收入和8.2千万卢布的国外贷款，总数达到近2.65亿卢布，约合10亿多法郎。叶卡捷琳娜的钱就是这么来的。

5

叶卡捷琳娜王朝的军队几乎没什么好说的。这是一个好战的王朝，但既不支持军国主义，也没有尚武精神。尚武精神讲究纪律严明，服从权力，拥有野心。叶卡捷琳娜任命阿列克谢·奥洛夫为海军上将，波将金为总司令，可见她是绝对没有这种精神的。1772年在福克夏尼召开代表大会，没上过几次战场的格里戈利·奥洛夫以上级对下级说话的口吻同卡古尔战役的英雄鲁勉佐夫说话，还差点取得军事指挥权。后来，鲁勉佐夫又遇到了新的对手，这一次他的位置被一个新的宠臣取代。失去了鲁勉佐夫之后到苏沃洛夫出现之前这段时间，军队掌握在一个没有本事的人手里。但是俄国士兵则一如既往地善战。叶卡捷琳娜尽量避免与西欧训练有素的强军作战。瑞典不是俄国的有力对手，当她发动对瑞典的战争时还对其深表遗憾。普鲁士的亨利公爵说，她每一场战争都只付出了很少代价。当然，她之所以能取得诸多胜利也多亏了她不屈不挠的精神和非凡的胆魄。

有经验的法官则指责她在军事管理方面，破坏了彼得大帝遗留的事业。1763 年，她批准了一项改革，将军队的管理完全交由军队上校掌管。彼得大帝时期则是派遣一名在总部军需任职的军事检察官去打理军队。叶卡捷琳娜取消了这个制度以后，军中出现了大量职权滥用现象。塞居尔伯爵说，1785 年俄国军队的编制达到约五十三万人，其中只有二十三万人是正规军。然而他观察发现，俄国陆军部已乱作一团，无法核对出确切数字，因此官方的说法不太可信。他补充说："许多上校向我承认，他们每年要从自己所在的步兵团得到三千到四千卢布，而那些骑兵每年要给他们的长官将近两万卢布。"与此同时，弗金斯伯爵也写道："俄国舰队撤离波罗的海就难以取得成功。这支舰队最近一次在地中海的表现也不好。莱格霍恩特别抱怨某些军官，他们挥金如土却什么也不干。"

总之，叶卡捷琳娜做出了很多尝试和努力，但鲜有收获。她的天性促使她勇往直前，从不回头看她身后留下的东西。她留下了一片狼藉。有人说，叶卡捷琳娜去世之前，她统治之下的大部分里程碑已经被废墟掩埋。

她总是着了魔一般地前进，一刻不停地前进，甚至很多事都提前做好了，但她连一点享受成果、自我反省的时间都没留。也许她是着了野心的魔，但有时这种劲头又显得可悲和微不足道。比如，她制订了一个方案，接着在建筑奠基之后，她就会找人铸造一枚纪念徽章，当徽章被送到她办公室以后，就对此事再也不管不问了。1780 年开始

此画为俄罗斯画家 F·洛克托夫原作（已佚），后瑞典画家 A·罗斯林又作了一幅相近的油画。此画为 19 世纪晚期俄罗斯画家根据 A·罗斯林油画再次创作的精摹本。

建造的那座著名的大理石教堂命运也是如此，造了二十年也只是刚开了个头。

也许这一切都是上帝安排好的。俄罗斯如同冰雪中沉睡千年的巨人，只需一个人将他从这麻木之中唤醒，之后便会在自然规律的驱使下成为一股势不可挡的力量朝神秘的未来奔涌而去。彼得一世没能做到的事情正在等着叶卡捷琳娜去完成。叶卡捷琳娜为伟大的先驱彼得一世建了一座雕塑，在雕塑揭幕后一天她给格里姆写了一封信，也许，她所说的话

是对的：

　　"在广袤苍穹下，彼得一世看起来精神饱满，威风凛凛。可能他也对自己这个形象深感满意。有一段时间，我无法久久直视他，这让我内心颇为触动，当我环顾四周时，我看到周围人眼中皆饱含泪水。他的脸朝着与黑海相反的方向，但他的姿势好似又说明，无论如何他都能看得很清楚。他离我太久远，我无法同他对话，但我能感觉到他很高兴，并且鼓励着我竭尽所能做得更好。"

第三章　外交政策

1

德国著名历史学家西贝尔在 1869 年写道："德国现在任何亟待解决的问题，都必须涉及对叶卡捷琳娜二世的政策的研究。"他这番话不仅适用于德国，在欧洲大部分国家都是适用的。叶卡捷琳娜雄心勃勃，有时非常小女人，有时又非常孩子气，她的外交政策以对外扩张为主。然而在执政初期，她的策略似乎与此截然不同。

叶卡捷琳娜上台以后，宣称自己坚决拥护和平，人不犯我，我不犯人。若无外敌来犯，她会尽可能地避免与邻国发生一切冲突，一心只想在广袤的俄国大地上建设自己的事业。即使从国际关系的角度来看，这一计划也完全符合女皇的雄心壮志，既不放弃一切属于自己的权利，又能施展她宽大为怀的治理思想。她给俄国驻华沙大使凯泽林伯爵写道：

"简而言之，我主张同欧洲列强友好，加入军事同盟，这样一来俄国就有权选择站在受压迫的一边，通过这种方式我们将成为欧洲的仲裁者。"

当时她压根没有考虑过占领波兰，并拒绝一切征服他国的思想，库尔兰[1]也诱惑不了她。她说道："俄国已经有足够多人让我忙碌了，我又不会因为多了这一小块土地而变得更幸福。"她还想和土耳其缔结永久和平条约。她裁减军队，不紧不慢地填补着前几任王朝在几场毁灭性战争中用空的军火库。她反复强调，在全力建设国家之前，必须先恢复国家秩序，整顿财政状况。

那么后来是什么原因促使她放弃了初期这些思想呢？为了回答这个问题，我们要引用一个宝贵证据。这个见证者便是俄国的荣耀之一西蒙·沃伦佐夫伯爵，他用坦率的语言向我们揭示了叶卡捷琳娜最鲜为人知的一段历史。叶卡捷琳娜去世几年后，当亚历山大一世刚继位不久时，西蒙·沃伦佐夫伯爵给亚历山大一世写了一封信，信上如是说：

"已故女皇主张和平，主张和平永驻……所有大计皆是为达到这一目标而定……普鲁士为了更轻易地占有波兰，唆使潘宁伯爵取消波兰宪法的改良运动。也是普鲁士说服潘宁伯爵坚持要求允许波兰持不同政见者担任一切国家职务，要他们同意这个要求，就不得不对波兰采取暴力手段。他们采取了行动并结成同盟，还小心翼翼地瞒着女皇陛下。波兰的

1　库尔兰位于波罗的海地区，存在于1562—1791年，隶属于立陶宛大公国，后隶属于波兰立陶宛联邦的公国。1791年获得了完全的独立，但在1795年3月28日第三次瓜分波兰时被俄罗斯帝国吞并。

主教和议员悉数被捕，全部流放到俄国。俄国的军队进入波兰后烧杀抢掠，追随盟军进入土耳其境内，正是这次侵犯领土的行为，促使土耳其向我们国家宣战……这次战争以后，我们开始对外举债、对内发行纸币，就是这两个灾难让俄国陷入不幸。"

这样看来，是普鲁士为了拉拢俄国加入侵吞波兰政策，迫使叶卡捷琳娜走上了一条暴力扩张的道路，她感觉自己被困在了一个漩涡当中。但是，我们认为，这条道路她无论如何都是无法避免的。与普鲁士不同的是，叶卡捷琳娜从登上皇位伊始，就对自己的权力和地位抱着极其崇高的信念，不让其沦为诱惑的奴隶，不利用其谋取利益，不能无所顾忌。

1762 年 10 月，丹麦宫廷建议她放弃对大公保罗的监护权。她对丹麦做出了如下回应："这个情况也许很奇怪，一个至高无上的女皇竟然在她儿子拥有一块本国封地后，还在做他的监护人。可是，一个尚且需要五十万兵马来保护的女皇，竟然不能关心一个连三百人都无法管理的孩子，这不是更奇怪吗？"

叶卡捷琳娜与自己的初心渐行渐远时，她心中不知自己应何去何从，也不知道激流正将她卷向何处。在尝到了第一次对外战争胜利的甜头之后，她就一发不可收地随着激流向前挺进，最后陷入了战争的狂热，时不时地还会走火入魔。她再也不去考虑自己统治的方式方法，也不再去考虑所谓的谨慎或公平。1782 年，维拉克侯爵写信给弗金斯伯爵说："这里的人拼命掠取，贪得无厌，不计后果，欲为叶卡捷琳娜二世的统治增添新的荣耀。他们不会费心计算成本，他们只有一个念头，那就是行动。"

　　无论以什么方式，一定要有所行动，无论在哪里，一定要制造动静，为此可以不计代价，这是从第一次土耳其战争开始，叶卡捷琳娜的对外政策似乎都在考虑这些问题。一路都有"好运"相伴的她重新相信一切创举都将给她和帝国带来无上荣耀。1784年，弗金斯伯爵写道："有了这种好运，俄国人被一片明亮而喜悦的气氛笼罩着，憧憬着所有努力都拥有圆满的结局，除此之外什么也看不见。"至于她光辉事业背后的政治体系或方针是什么，这根本不需要问，她无非会回答"环境""时局""预测"云云。至于如何协调这些事业与道德、人性或国际权利之间的关系，她根本没有考虑。1770年，英国大使麦卡尼在圣彼得堡写道："跟他谈论格劳秀斯¹或普芬道夫²是徒劳的，正如人们在君士坦丁堡谈论克拉克³或蒂洛森一样。"

　　此外，叶卡捷琳娜在审阅指导外交报告时，喜欢在一旁加注个人观点，这些观点常常出人意料，还掺杂着她特有的狂热性格。叶卡捷琳娜在这些政策上呕心沥血，在执政初期更是如此，一切外交文件信函她都要亲自过目。很快她便

1　1583—1645年，近代西方资产阶级思想先驱，国际法学创始人，被尊称为"国际法之父"与"自然法之父"。
2　17世纪德国最杰出的自然法学思想家。
3　1675—1729年，英国哲学家和神学家。

发现自己分身乏术，力不从心，反而因此耽误了工作。她决定只处理最为重要的事情，其余的工作则由潘宁伯爵协理。1763年4月1日，她给凯塞林伯爵的信中写道："保密工作有待加强，有些事情不想对任何人推心置腹。"在叶卡捷琳娜之前的几任君主，过目外交文书前都有专人经过提炼，而叶卡捷琳娜则要求他们呈递原件，她会亲自过目并添加批注。这些批注很有意思。俄国驻维也纳大使加利津公爵递交的报告中提到，奥地利和法国政府在煽动土耳其干涉波兰事务。对此她批注道："他（加利津）连眼睛都没睁开，他比市井孩童知道得还少，而且他说出来的比他了解到的还少。"列普宁公爵在华沙与普鲁士大使高兹男爵进行了一番谈话，高兹男爵说虽然（普鲁士）国王所下的命令与其本人利益相一致，但与臣民的利益不相符。列普宁公爵便将此番对话写成报告呈递给了叶卡捷琳娜，她批注道："难道在他眼里，还有比臣民利益更重要的荣誉吗？我不是很理解这种奇怪的想法。"

1780年，约瑟夫二世第一次拜访叶卡捷琳娜女皇，看到了她工作的情形，感到很惊奇。这次会见对叶卡捷琳娜的一生起到了决定性的作用。在此之前，潘宁作为俄国外交委员会的首脑具有非常大的影响力，是他力排众议，甚至不顾女皇反对，维持着俄国政策对普鲁士倾斜。而约瑟夫的到来改变了这一切，叶卡捷琳娜开始对潘宁冷眼以待，她缔结了新的盟友，得以在北海方向开辟新视野。不多久，潘宁就失去了利用价值，叶卡捷琳娜需要的只是一个顺服旨意执行命令的臣子，这个人很快就被找到了——贝斯勃洛柯。1781年9月，维拉克侯爵写道："确切而言，女皇再也没有大臣了。"

尽管叶卡捷琳娜倾注了全部智慧与热情，这种专制政策很快就给她带来数不清的失败，才使她从自我陶醉中逐渐清醒过来。幻想太多会变得不切实际，像这样的君主历史上不胜枚举。1796年7月4日到9日，俄国驻斯德哥尔摩大使布德伯格伯爵接到一份女皇草拟的责备瑞典国王的内容，原来瑞典国王欲前往圣彼得堡，却不肯接受同女皇孙女的婚约。恼羞成怒的叶卡捷琳娜写道，让这位没有教养的国王在家好好待着吧！她受够了他脑中奇奇怪怪的想法。当一个人打算做一件事的时候，不会去设想每一步会遇到什么困难。这是一份要经过国务办公室的正式文件，可是文件中的所有内容都是用这样的口气撰写的。这如何能称为外交对话呢？有人说这更像是一封写给挚友的密信，将所有的不快和不耐烦一股脑写出来，以消减痛苦和愤怒。所以为了假戏真做，随函还添了四份附录，上面说了一些其他的事情，但总结来说，就是女皇同意瑞典国王来访，不附带任何条件。

有时候，叶卡捷琳娜也意识到自己的脾气会影响到她的外交政策，并且可能导致外交关系失去平衡。1780年4月28日，她写信给格里姆："您说我的脾气像火山，但是除此之外，我也没有办法。"她又补充道："我们德国人最痛恨被人愚弄，就连瓦格纳老师也不会喜欢。"

我们在前文中提到过，她觉得自己是个彻底的俄国人，但有时候说话还是会偶尔还会提到自己的德国身份，其实她的生命早已同新祖国牢牢拴在一起。她的国内政策和外交政策正如她的思维模式和性格气质一样，从本质上看都是俄国的。只有俄国人才会在追求事业成功的过程中，不经过深思熟虑和精打细算，就一个人莽打莽撞，她身上具有的这些阻碍她走向成功的缺陷，其实都来自她的俄国天性，德国人是不会这么做的。但是可以说，她的成功也是由于缺少某些德国气质，一个头脑冷静且精于算计的德国人绝不会发动第一次土耳其战争。西蒙·沃伦佐夫伯爵写道："军队裁员了，军备不齐，四散在帝国各个角落。我们的军队必须跨越冰天雪地来到土耳其边界，所有的大炮、弹药与炸药都要以最快的速度从圣彼得堡运往基辅。"第二次土耳其战争和瑞典战争爆发时，情况更为恶劣。1783 年，俄国与土耳其的决裂势在必行，俄国从爱沙尼亚调来一支一千二百人至一千五百人的龙骑兵团。最后只找到七百个士兵和三百匹马，连一个马鞍都没有。但是叶卡捷琳娜并未因此灰心，她坚信自己能越过一切障碍和一切不可能。这种信念能排山倒海，万里迢迢地将大炮从帝国的一端运到另一端，这并不是德国人的品质。

总的来说，在外交政治领域，叶卡捷琳娜取得了不少成就，虽然她一直沉迷于自己的幻想，将自己的成绩放大了两三倍，这不算过分，物质成就的不足，她在强大的精神力量中找到了补偿。

诸多细节也许早已被历史的尘埃掩盖，我们的工作不乏重重困难和风险，但依旧怀抱着最大的兴趣和热情，所做的一切只为最大限度地还原历史，倘若这份工作没有展现出其他优点，只希望我们的诚意能博得读者的谅解。同时，由于历史具有多样性、复杂性和独特性，即使充分发挥想象力，也难以完全准确地还所有事件以真相，为此再次恳请读者谅解。

附录　1689—1855 年间俄罗斯帝国

皇位继承一览表

1689—1725 年彼得一世（彼得大帝），1721 年俄罗斯改为帝国

1725—1727 年叶卡捷琳娜一世

1727—1730 年彼得二世

1730—1740 年安娜·伊万诺夫娜

1740—1741 年伊凡六世

1741—1762 年伊丽莎白·彼得罗芙娜

1762—1762 年彼得三世

1762—1796 年叶卡捷琳娜二世（叶卡捷琳娜大帝）

1796—1801 年保罗一世

1801—1825 年亚历山大一世

1825—1855 年尼古拉一世